KB273423

고전투

고전툰

강일우·김경윤·송원석 지음

2

경제

펀타클

차례

왜 고전룬인가?

AI 시대 우리는 빠르게 변화하는 세상 속에 살고 있습니다. 기술은 급속도로 발전하고, 사회도 시시각각 새로운 모습으로 변해갑니다. 하지만 문명의 큰 변화 속에서도 인간의 고민과 갈등, 욕망과 희망은 놀랄 만큼 비슷한 모습으로 되풀이됩니다.

그동안의 청소년 대상 교양도서들은 대부분 친절하고 쉽게 읽히는 모습을 하고 있습니다. 필요한 지식을 청소년의 눈높이에 맞게 풀어쓰고, 이해를 돕기 위해 그림과 설명 자료들이 덧붙여져 있습니다. 그 덕분에 많은 청소년들이 쉽게 인문·사회·과학의 세계에 다가갈 수 있었습니다. 물론 이 책은 청년들이나 성인들에게도 유용할 것입니다.

하지만, 우리는 이런 의문이 들었습니다.

"AI 시대에 이런 방식의 지식 전달만으로 충분한가?"

세상은 빠르게 변하고 있고, 앞으로는 더욱 복잡하고 낯선 현실이

펼쳐질 것입니다. 그 변화 속에서 중요한 것은 지식 자체가 아니라, 변하지 않는 인간의 본성을 이해하는 힘과 세상의 흐름을 꿰뚫어볼 수 있는 통찰력, 그리고 다양한 가치와 관점을 조화롭게 이해하는 지혜이지 않을까요?

고전툰 시리즈는 이런 문제의식에서 출발했습니다. 고전툰은 인간의 변하지 않는 본성과 세상의 흐름을 함께 느끼고, 생각해볼 수 있도록 기획되었습니다. 단순히 유명하다는 이유로 고전을 모으는 데 그치지 않았습니다. 오랜 세월이 지났어도 여전히 울림을 주는 책을, 오늘을 살아가는 청년들에게 진짜로 말을 걸 수 있는 책을 고르고 또 골랐습니다.

고전툰은 지식을 외우라고 강요하거나 가르치려 하지 않습니다. 고전툰을 읽으며 수많은 질문과 다양한 관점들을 따라가다 보면, 어느새 '나'의 생각이 자라고, 타인을 이해하는 마음이 생기고, 사회를 함께 고민하는 감각이 자연스럽게 생겨날 것입니다.

인간이 왜 서로 다투고, 어떻게 공존을 배우며, 어떤 사회를 꿈꿔왔는지를 알게 될 것입니다. 나와 세계를 바라보는 눈은 깊어지고, 세상을 더 낫게 만들고 싶은 마음의 싹이 자라날 겁니다.

한 권의 고전을 네 부분으로 구성했습니다.

히스토리

고전에 쉽게 다가가기 위해서는 그 책이 쓰인 시대 배경과 저자의 삶을 함께 들여다보아야 합니다. 저자가 살았던 시대의 역사적 맥락, 당대의 사회문제, 그것에 대한 저자의 시선과 대응은 무엇이었는지를 살펴보며, 고전이 어떤 문제의식 속에서 쓰였는지를 입체적으로 이해할 수 있게 합니다.

다이제스트

고전은 오랜 시간 많은 사람들의 검증을 거쳐 살아남은 '책 중의 책'입니다. 시대를 넘어 지금까지 읽히는 데에는 충분한 이유가 있습니다. 다이제스트는 고전이 품고 있는 핵심 메시지와 인류가 그 책에서 길어 올렸던 통찰을 간결하게 정리하여 소개합니다.

고전툰

아무리 훌륭한 고전이라도 오늘날의 독자들에게 읽히지 않는다면 그 생명은 멈추게 됩니다. 고전툰은 고전의 핵심 내용을 툰 형식으로 풀어냄으로써, 오늘의 독자들이 고전과 만날 수 있도록 다리를 놓습니다. 흥미롭고 이해하기 쉬운 형식으로 고전의 핵심 내용을 다시 한번 되짚어줍니다.

북토크

고전툰 시리즈를 만들면서 가장 많은 공을 들인 코너입니다. 북토크의 타이틀은 '지혜의 광장'입니다. 고대 아테네의 아고라(광장)는 지혜를 서로 나누고 경합하는 민주주의의 산실이었습니다. '지혜의 광장'은 오랜 시간이 흘러도 여전히 빛나는 책의 저자와 인류 역사의 위대한 지성들이 시대를 초월하여 만나 대화를 나누는 가상의 북토크 무대입니다.

‘지혜의 광장’에 등장하는 참여자들의 얘기는 ‘역사 속 사상가들의 저서와 사상을 충실히 참조하여, 그들의 주장을 오늘날의 독자들이 이해하기 쉽게 재구성한 가상의 목소리’입니다. 따라서 독자들은 ‘이 인물이 실제로 이렇게 말했다’라고 받아들이기보다는, 그의 사상이 요약·정리된 대화로 이해하면 됩니다.

이러한 형식은 ‘역사적 인물의 사상을 마음대로 각색하는 것 아니냐’는 우려가 있을 수도 있습니다. 하지만 ‘지혜의 광장’은 단순한 상상이나 재미에 기대지 않습니다. 각 인물의 발언은 실제 저술과 시대적 맥락을 토대로 구성되었으며, 의미가 왜곡되거나 단순화되지 않도록 세심하게 검토하기 위해 노력했습니다.

‘지혜의 광장’은 정확하고 균형 잡힌 시각으로 사상을 전달하고, 서로 다른 생각들이 품위 있게 토론하는 상면을 보여주는 것을 가장 중요한 원칙으로 삼았습니다. 이 공간은 단순히 지식을 주입하는 것이 목적이 아닙니다. 위대한 지성들의 생각을 생생한 대화로 접하며 독자 스스로 질문하고, 생각하며, 토론하는 능력을 키울 수 있는 학습의 장입니다.

고전은 우리 모습을 비출 수 있는 지혜의 거울과 같습니다. 고전을 읽는다는 것은 그 지혜의 거울에 자신의 모습을 비춰보는 것입니다. 모쪼록 고전툰 시리즈가 독자들과 민주시민으로 성장하는 청소년들의 교양과 토론 능력을 키우는 데 큰 도움이 되기를 기대합니다.

강일우 · 김경윤 · 송원석

국가의 부가 금이나 은 같은 귀금속의 양이 아니라, 국민이 만들어내는 '생산적인 노동'에 달려 있다고 본 사상가가 있습니다. 그는 사람마다 자기 이익을 추구하며 자유롭게 경제활동을 하다 보면 '보이지 않는 손'에 의해 사회 전체의 이익으로 이어진다는 사실을 밝혔습니다. 자유시장경제의 원리를 처음으로 체계적으로 설명한 경제학자이자 사상가, 애덤 스미스를 만나봅시다.

애덤 스미스
「국부론」

누가 시장을 움직이나?

애덤 스미스,
당신은 누구?

우리는 매일 재미 있고 유익한 유튜브 콘텐츠를 봅니다. 어떤 영상은 웃음을 주고, 어떤 영상은 정보를 전해주며 어떤 영상은 공부와 자기 계발에 도움을 줍니다.

그런데 유튜버들이 이타심 때문에 이런 영상을 만드는 것일까요? 그렇지 않습니다. 대부분은 더 많은 구독자와 광고 수익, 인지도를 얻기 위해 영상을 만듭니다. 개인의 이익을 위해 행동하지만, 그 결과는 많은 사람에게 즐거움과 지식을 제공하는 거지요.

바로 이것이 애덤 스미스의 핵심 주장입니다. 사람들은 각자 자신의 이익을 좇지만, 경쟁과 교환이 이뤄지는 시장에서는 그 행동이 사회 전체의 이익으로 연결될 수 있습니다. 스미스가 말한 '보이지 않는 손'은 이런 자율적 조정의 힘을 가리키는 말입니다.

이런 생각을 체계적으로 펼친 『국부론』은 한 괴짜 교수의 날카로운 관찰력, 18세기 스코틀랜드의 급격한 경제 변화, 그리고 유럽 전역을 휩쓴 계몽주의 사상이 뒤섞여 빚어낸 산물이었습니다.

이제 『국부론』이 어떤 배경 속에서 쓰였는지, 그리고 어떻게 세상을 바꾼 책이 되었는지 차근차근 따라가 볼까요?

애덤 스미스는 1723년 스코틀랜드의 작은 항구도시 커콜디에서 태어났습니다. 아버지는 세관 공무원이었지만 그가 태어나기 몇 달 전에 세상을 떠났고, 어머니가 홀로 아들을 키웠습니다.

19세기 영국 바닷가 시장의 활기찬 모습.

어릴 적 스미스는 유난히 책을 좋아하는 아이였습니다. 또래 아이들이 뛰어놀 때도 그는 구석에 앉아 책을 읽곤 했습니다. 하지만 그는 단순히 글만 읽는 책벌레는 아니었습니다. 석탄을 실은 배가 드나들고, 상인들이 가격을 흥정하며, 노동자들이 바쁘게 짐을 나르는 항구에서 벌어지는 풍경들을 눈여겨보며 어린 스미스는 궁금해했습니다.

'사람들은 왜 이렇게 열심히 일할까? 가격은 어떻게 정해지는 걸까?'

이때의 호기심은 훗날 경제학 연구의 씨앗이 됩니다.

14살이 되던 해 그는 글래스고 대학교에 입학합니다. 아주 어린 나이에 대학에 들어간 것이죠. 그곳에서 그는 스코틀랜드 계몽주의를 이끈 대표적인 철학자 프랜시스 허치슨(Francis Hutcheson)을 만나 깊은 영향을 받습니다. 허치슨은 '인간은 본래 다른 사람의 고통에 공감하고, 행복을 함께 나누려는 도덕 감정이 있다'고 가르쳤습니다. 스미스는 '인간은 이기적 존재일까, 아니면 도덕적 존재일까?'라는 물음을 평생 갖게 되었고, 그가 쓴 『도덕감정론』, 『국부론』은 모두 이 질문에 대한 대답이라 할 수 있습니다.

17세에 스미스는 옥스퍼드 대학으로 유학을 떠났습니다. 하지

글래스고 대학 본관.

만 큰 기대는 곧 실망으로 바뀌었습니다. 글래스고의 활기찬 토론 문화와 달리 옥스퍼드는 침체되어 있었습니다. 교수들은 강의에 열의가 없었고, 학생들은 무기력했습니다. 그는 이런 현상을 날카롭게 관찰했습니다.

'경쟁이 없어지면 사람들은 게을러진다. 교수들에게 학생을 잘 가르칠 동기가 없으니 교육의 질이 떨어지는 것이다.'

6년간의 옥스퍼드 생활을 마치고 돌아온 스미스는 글래스고 대학의 교수가 됩니다. 그의 강의는 학생들에게 큰 인기를 끌었습니다. 딱딱하고 추상적인 이론 대신 일상생활의 구체적인 사례들로 설명했기 때문입니다.

당시 글래스고는 무역과 산업이 빠르게 성장하면서 급속한 변화를 겪고 있었습니다. 아메리카 대륙과의 무역이 활발해지면서

담배·설탕·면화 등이 대량으로 들어왔고, 새로운 공장들이 세워지며 시골 사람들이 도시로 몰려들었습니다. 스미스는 이런 변화를 직접 보며 경제 현상에 대한 관심을 키워갔습니다.

1759년 스미스는 첫 책 『도덕감정론』을 출간했습니다. 그는 인간이 오로지 자기 이익만 추구하는 존재가 아니라 타인의 시선을 의식하고 공감하는 능력을 가진 존재라고 주장했습니다.

'우리는 다른 사람의 입장에서 생각할 수 있다. 이 공감 능력이 도덕의 기초다.'

이 책은 유럽 전역에서 큰 반향을 일으켰고, 스미스는 단숨에 주목받는 철학자가 되었습니다. 책의 성공으로 그에게 새로운 기회가 찾아왔습니다. 귀족 청년의 가정교사가 되어 함께 유럽 여행을 떠나게 됩니다. 보수는 교수 월급의 세 배에 평생 연금까지 보장되는 파격적인 조건이었습니다. 1764년 그는 교수직을 내려놓고 제자와 함께 프랑스로 떠났습니다.

파리에서 스미스는 당시 유럽 지성계의 거물들을 만났습니다. 볼테르, 디드로 등 계몽주의 철학자들과 교류하며 자유주의 사상을 접했습니다. 특히 프랑수아 케네(François Quesnay, 1694~1774) 같은 중농주의(重農主義)자들에게서 '모든 부는 농업에서 비롯된다. 상업과 제조업은 농업에서 나온 잉여를 재분배할 뿐이다'라는 주장을 들었습니다.

하지만 스미스는 글래스고에서 본 제조업의 활력을 떠올리며 '부는 농업만이 아니라 인간 노동과 생산 전반에서 나온다'는 확신을 굳혔고, 더 포괄적인 경제 이론의 필요성을 느꼈습니다.

귀국한 스미스는 어머니와 함께 조용히 생활하며 본격적으로 경제학 저술에 매달렸습니다. 매일 새벽 다섯 시에 일어나 산책하며 생각을 정리하고, 오전에는 글을 썼습니다. 오후에는 친구들과 만나 토론을 즐겼습니다. 생활은 단조로웠지만, 그의 머릿속은 늘 복잡했습니다. 설탕 대신 버터를 찻주전자에 넣고 끓이거나, 잠옷 차림으로 20킬로미터나 되는 거리를 걸어가는 등 건망증과 괴짜 같은 엉뚱한 행동도 잦았습니다. 그의 머릿속은 온통 경제 이론으로 가득했습니다.

10여 년간의 집필 끝에 1776년 드디어 『국부론』이 세상에 나왔습니다. 정식 제목은 『국민의 부의 성질과 원인에 대한 연구』였고, 5권으로 이루어진 1000페이지가 넘는 방대한 분량의 책이었습니다. 핵심 메시지는 분명했습니다.

'국가의 부는 금·은 같은 귀금속이 아니라 국민의 노동 생산성에서 나온다.'

'무역은 한쪽이 손해 보고 다른 쪽이 이득 보는 제로섬이 아니라, 양쪽 모두에게 이익을 주는 교환이다.'

‘모두가 자기 이익을 추구하지만, 시장에서 자유롭게 교환하면 보이지 않는 손이 작동해 사회 전체의 이익으로 이어진다.’

『국부론』은 출간 직후 큰 반향을 일으켰습니다. 초판은 6개월 만에 매진되었고, 유럽 각국에서 번역이 이어졌습니다. 정치가와 학자들은 이 책을 읽고 치열한 토론을 벌였습니다. 물론 비판도 많았습니다. 상업을 중시하는 중상주의자들은 그의 자유무역론을 비판했고, 일부 도덕주의자들은 그의 ‘이기심’ 강조가 위험하다고 생각했습니다. 그러나 이런 비판들조차도 『국부론』을 시대의 화두로 만들었습니다.

『국부론』의 성공으로 애덤 스미스는 명성을 얻었고, 1778년 스코틀랜드 세관 위원으로 임명되어 에든버러로 이주했습니다. 자유무역을 주장한 학자가 보호무역의 최전선에서 일하는 아이러니였습니다. 하지만 그는 성실하게 일했습니다. 밀수를 단속하고 관세를 징수하면서도 현실적인 정책 개선안을 내놓았습니다.

‘차에 대한 관세를 낮추면 밀수가 줄어들고, 합법적인 거래가 늘어나며, 결과적으로 세수가 증가한다.’

그의 말은 실제로 입증되었습니다.

1787년 글래스고 대학은 그를 명예총장으로 추대했습니다. 스미스는 자신의 학문적 업적을 인정하는 이 영예를 매우 기뻐했습니다. 그리고 1790년 67세를 일기로 세상을 떠났습니다. 죽기 전 그는 자신의 미완성 원고들을 모두 불태워달라고 부탁했습니다. 완벽하지 않은 글을 후세에 남기는 것을 원하지 않는다는 게 이유였습니다.

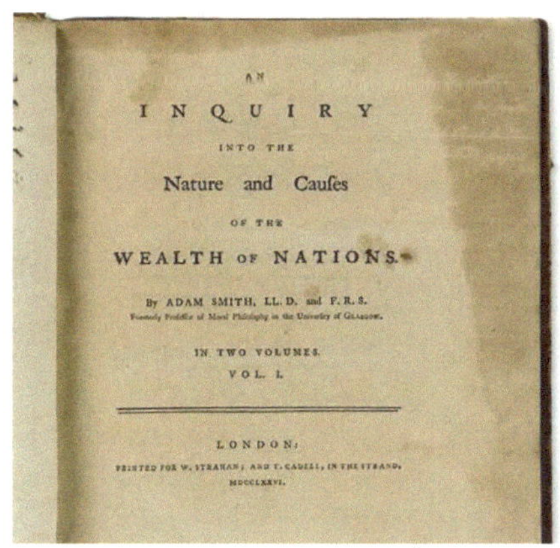

『국부론』 초판본 1776.

『국부론』 핵심 쏙쏙!

『국부론』은 경제학을 독립 학문으로 세우고, 자본주의경제 체제의 이론적 토대를 마련한 책입니다. 분업을 통해 생산성이 높아지고, 개인의 이익 추구가 '보이지 않는 손'에 의해 사회 전체의 이익으로 이어질 수 있음을 보여주었습니다. 또 자유무역과 절대우위 개념을 제시하며 국제경제 질서를 설명했지요. 그래서 오늘날에도 경제성장을 이해하고 시장과 국가의 역할을 성찰하는 데 중요한 기준으로 남아 있습니다.

분업이 부의 비밀이다

애덤 스미스는 핀 공장의 사례를 들어 분업의 놀라운 효과를 보여줍니다. 한 사람이 핀을 처음부터 끝까지 만들면 하루에 20

개도 어렵지만, 열 명이 공정을 나누어 한 사람은 철사를 자르고, 다른 사람은 끝을 뾰족하게 하고, 또 다른 사람은 머리를 붙이는 식으로 일하면 하루에 48,000개를 만들 수 있습니다. 1인당 20개에서 480개로, 엄청난 생산성 향상입니다.

스미스는 분업이 이렇게 생산성을 높이는 이유를 세 가지로 설명했습니다. 첫째, 같은 일을 반복하면서 기술과 숙련도가 비약적으로 향상된다. 둘째, 여러 가지 일을 오가며 낭비하는 시간이 줄어든다. 셋째, 공정이 세분화될수록 이를 더 효율적으로 수행하기 위한 기계 발명이 촉진된다.

오늘날 우리가 사용하는 스마트폰, 자동차, 심지어 일상적인 가전제품도 모두 복잡한 분업 체계 위에서 생산됩니다. 스미스가 강조한 분업의 힘은 18세기 핀 공장을 넘어, 현대 산업사회를 떠

18세기 핀 공장의 모습.

받치는 기초 원리로 자리 잡은 것입니다.

보이지 않는 손이 모든 것을 조화시킨다

스미스의 사상을 대표하는 개념은 단연 보이지 않는 손입니다. 그는 시장에서 각자가 자기 이익만을 추구하더라도, 마치 눈에 보이지 않는 힘이 작동하듯 사회 전체의 이익으로 이어진다고 설명했습니다.

'우리가 저녁을 먹을 수 있는 것은 정육점 주인이나 양조업자, 빵집 주인이 우리를 불쌍히 여겨서가 아닙니다. 그들 각자가 자신의 생계를 위해 돈을 벌고 싶어 하기 때문입니다. 그러나 그 결과는 결국 우리 모두의 만족으로 이어집니다.'

이 과정에서 필요한 것은 경쟁입니다. 만약 상인들이 담합해 경쟁하지 않는다면 가격을 지나치게 올리거나 품질을 떨어뜨려 소비자에게 피해를 줄 수 있습니다. 하지만 여러 상인이 서로 손님을 끌기 위해 경쟁하는 상황에서는 그렇게 할 수 없습니다. 오히려 가격은 합리적인 수준으로 유지되고, 더 좋은 품질을 제공하려는 노력이 촉진됩니다.

이처럼 사람들은 자신의 이익을 위해 행동하지만, 경쟁이라는 제도가 그 욕망을 사회적 이익으로 바꾸는 힘을 발휘하는 것입니다. 이것이 바로 스미스가 말한 보이지 않는 손의 핵심입니다.

시장이 스스로 균형을 찾는다

스미스는 시장의 가장 큰 힘을 스스로 균형을 조정하는 능력에서 보았습니다. 어떤 상품의 수요가 갑자기 늘어나면 그 가격은 본래의 자연 가격보다 높아집니다. 그러면 더 많은 생산자가 높은 이익을 위해 공급을 늘리면 가격은 다시 자연 가격 수준으로 내려갑니다. 반대로 수요가 줄어들면 시장가격은 자연 가격보다 낮아지고, 이익이 줄어든 생산자들이 시장에서 빠져나가면서 결국 가격은 다시 안정됩니다.

스미스는 이처럼 시장가격이 자연 가격을 중심으로 끊임없이 오르내리며 균형을 찾아간다고 설명했습니다. 중요한 점은 이러한 과정이 정부의 직접적인 통제나 강압이 없어도 가능하다는 것입니다. 각 개인이 이익을 따라 자유롭게 행동하는 과정에서 수요와 공급이 조정되고, 가격이 안정되며, 자원은 효율적으로 배분된다는 것이죠.

이런 자율적 조정 메커니즘이 시장경제의 질서를 유지하게 하는 힘이며, 보이지 않는 손의 또 다른 작동 방식입니다.

자유무역이 모두를 부유하게 만든다

스미스 이전의 중상주의 사상은 국가가 부유해지려면 금과 은을 많이 축적해야 한다고 보았습니다. 그래서 수출은 장려하고 수입은 억제했으며, 무역을 한쪽이 이득을 보면 다른 쪽은 손해를 보는 제로섬게임으로 이해했습니다. 각국은 관세 장벽을 높이고 무역 상대를 경쟁자이자 위협으로 여겼습니다.

그러나 스미스는 전혀 다른 시각을 제시했습니다. 그는 무역을 서로의 강점을 활용해 함께 모두가 이익을 나누는 윈윈 게임으로 보았습니다. 예를 들어 영국은 양모와 직물 생산에서, 포르투갈은 포도주 생산에서 절대우위를 갖고 있습니다. 두 나라가 각자의 장점을 살려 교역한다면, 영국은 값싸고 좋은 포도주를, 포르투갈은 질 좋은 직물을 낮은 가격에 얻을 수 있습니다. 결과적으로 양쪽 모두 이전보다 더 풍요로워지는 것이지요.

이후 리카도(David Ricardo)는 이를 한 걸음 더 발전시켜 비교우위론을 제시했습니다. 그는 한 나라가 다른 나라보다 모든 생산에서 더 효율적이라고 해도, 상대적으로 더 잘할 수 있는 분야에 특화하고, 덜 효율적인 상품은 다른 나라와 교역하는 것이 양쪽 모두에게 이익이 된다고 설명했습니다. 즉, 절대적인 우위가 아니라 비교우위에 따라 분업과 교역이 이루어질 때 세계 전체의 부가 극대화된다는 것입니다.

스미스의 절대우위론과 이를 더욱 정교하게 발전시킨 리카도의 비교우위론은 오늘날까지 국제무역의 핵심 원리로 작동하고 있습니다.

정부의 역할은 최소한으로

스미스는 정부가 모든 경제활동에 간섭하는 것을 강하게 반대했습니다. 그는 시장에는 스스로 균형을 찾아가는 힘이 있으며, 정부의 과도한 개입은 오히려 이 자연스러운 기능을 방해한다고 보았습니다. 그렇다고 국가의 역할을 전면 부정한 것은 아닙니다. 스미스는 정부가 반드시 맡아야 할 세 가지 핵심 임무를 분명히 했습니다.

첫째는 국방으로, 외적의 침략으로부터 국가와 국민을 지키는 일은 개인이 할 수 없는 국가 고유의 책무라고 보았습니다. 둘째는 사법으로, 법과 질서를 유지하고 정의를 실현해 재산권과 계약이 보호되어야만 시장이 제대로 작동할 수 있다고 강조했습니다. 셋째는 공공사업으로, 도로·다리·항만 같은 사회적 인프라는 개인이 감당하기 어렵지만, 공동체 전체의 번영을 위해 필요하다고 설명했습니다.

스미스는 이 세 가지 역할을 넘어서는 정부의 과도한 간섭은 시장의 자율적 힘을 억누르고 경제 발전을 가로막는다고 경고했습니다. 국가는 최소한의 영역에 머물고, 나머지는 시장의 자율적 질서에 맡기는 것이 가장 바람직하다고 보았습니다.

인간은 이기적이지만 공감 능력도 있다

스미스는 인간을 단순히 이기적 존재로만 보지 않았습니다. 그는 자신의 첫 책 『도덕감정론』에서 인간이 타인의 기쁨과 고통에 공감할 수 있는 특별한 능력을 지녔다고 강조했습니다. 누군가 슬픔에 잠기면 함께 마음이 무거워지고, 누군가 행복해하면 덩달아 기뻐하는 것이 바로 인간 본성이라는 것이죠. 인간은 이기적 동물이 아니라, 이기심과 도덕성이라는 두 가지 성향을 동시에 가진 존재라는 겁니다.

다만, 경제활동의 영역에서는 자비심이나 공감보다 이기심이 훨씬 더 강력하고 지속적인 동기로 작용한다는 현실을 정확히 인식했습니다. 그리고 그는 바로 그 이기심을 보이지 않는 손과 경쟁이라는 시장 원리를 통해 어떻게 사회 전체의 이익으로 전환시킬 수 있는지를 『국부론』에서 규명한 것입니다.

경쟁이 독점을 막는다

그는 시장경제를 위협하는 가장 큰 위험 중 하나로 독점을 지목했습니다. 독점 기업은 경쟁자가 없기 때문에 가격을 인위적으로 높게 유지하고 품질 개선에 소홀해져 결국 소비자에게 피해를 줍니다. 따라서 그는 정부가 특정 기업에 특권을 부여하거나 불필요한 규제로 시장 진입을 막는 행위를 강하게 비판했습니다.

또한 '같은 직업에 종사하는 사람들끼리의 모임은 소비자들을 속이기 위한 담합이나 음모로 끝나는 경우가 많다'고 경고하며 생산자들 간의 담합 역시 경계했습니다.

스미스에게 자유로운 경쟁은 독점의 해악을 막고 시장을 건강하게 유지하는 필수적인 장치였습니다.

노동이 모든 가치의 원천이다

상품의 가치는 그것을 생산하는 데 들어간 노동량에 의해 결정된다고 보았습니다. 다이아몬드가 물보다 훨씬 비싼 이유는 단순히 희귀해서가 아니라, 다이아몬드를 채굴하고 가공하는 데 훨씬 더 많은 노동이 투입되기 때문이라는 겁니다. 반대로 물은 인류에게 없어서는 안 될 필수자원이지만, 비교적 적은 노동으로 얻을 수 있어 가격이 낮게 형성된다고 설명했습니다.

스미스의 이런 노동가치론은 이후 리카도와 마르크스에게 계승 발전되며 경제학의 중요한 기초이론이 되었습니다. 물론 현대 경제학에서는 노동만으로는 가치를 설명할 수 없으며, 희소성, 효용, 수요와 공급 같은 다양한 요인이 함께 작용한다고 봅니다. 그러나 스미스가 당대에 제시한 이 통찰은 경제학의 지평을 새롭게 연 혁명적 시각이었습니다.

시장에 맡겨! 답은 거기 있어

네가 재료 쇼핑부터
빵을 만드는 일과
포장까지 모두 한다면
하루에 빵을 몇 개나 만들까?
글쎄…
하루에 20개도
힘들겠는데….

그렇다면
재료를 배달시키고
직원을 고용해서
포장 업무를 맡긴다면?
밀 가루
그럼 빵 만드는 데만
집중할 수 있으니
몇 백개는 만들지!

그렇지?
그게 바로 분업이야!
분업은 사람들을
각자의 분야에 전문화시켜
일의 숙련도를 높이고
시간까지 절약시킨다구.

밀가루
게다가 사람들이
각자의 분야에 몰두하면서
그 분야의 기술이 발달!
더 효율성이 높아질 수 있지!

흠… 모든 빵집이
그렇게 기계같이 일한다면
정성이 없을 것 같아…
빵들이 맛없어지지 않을까?

네 앞에 가격이 비슷한
두 개의 빵이 있다면 더 맛있다고
소문난 빵을 사겠지?
그럼 제빵사들은 돈을 벌기 위해
빵을 더 맛있게 만들 수밖에
없어!
인기!
리뷰 1위 빵
1000 ₩
1000 ₩

여러 빵집이
돈을 더 많이 벌기 위해 경쟁하면
빵은 더 맛있어지고
가격은 더 저렴해져서
소비자들이 이득을 본다구
빵을 더
맛있게 만들어서
대박 나야지!
빵을 더
싸게 만들어서
많이 팔 거야!

각자
자기 이익을 추구하며
경쟁하다 보면, 이렇게
사회 전체가 이익을 봐!
이기적인 개인들을
'보이지 않는 손'이
조화시켜 주는 거지.

보이지 않는 손이
모두 조율해 준다면
정부 기관도
없어도 되는 건가?

NO!
개인의 이기심도
선은 지켜야 하는 법!
불법이나 비도덕 행위는
단속되어야 해

아하!
그럼 '보이지 않는 손'은
마법 같은 게 아니라,
열심히 사는 사람들의
노력이었군?

그렇지!
그게 바로
시장이란
것이란다!

시장은 정말 만능인가?

스미스 Adam Smith 1723~1790
케인스 John Maynard Keynes 1883~1946
리카도 David Ricardo 1772~1823

민주시민의 경제적 역량을 키울 수 있는 빛나는 책의 저자를 모시고 인류 역사의 쟁쟁한 지성들과 함께 토론하고 지혜를 나누는 '지혜의 광장'에 오신 것을 환영합니다. 저는 진행자 아고라입니다. 오늘 우리는 현대 경제학의 아버지 애덤 스미스의『국부론』을 중심으로, '시장은 정말 만능인가?'라는 근본적 질문에 대해 이야기 나누고자 합니다.

먼저 오늘 토론을 함께해주실 두 분을 소개해드리겠습니다.

케인스 선생님은 20세기 경제학의 흐름을 바꾼 현대 거시경제학의 아버지로 불리는 영국의 경제학자입니다. 1930년대 세계 대공황 시기 극심한 실업과 장기적인 경기침체라는 전례 없는 위기가 닥쳤어도 당시 고전파 경제학자들은 '시장은 스스로 균형을 회복한다'는 자유방임적 믿음을 고수했습니다. 하지만 현실은 달랐습니다. 공장과 기업들은 문을 닫고, 수많은 사람들이 일자리를 잃었습니다. 시장은 좀처럼 회복의 길을 찾지 못했습니다.

케인스 선생님은 이런 상황을 정면으로 비판하며 새로운 해법을 제시했습니다. 그는 경제 위기 시에는 정부가 적극적으로 개입해야 한다고 주장했습니다. 정부가 공공사업을 늘리고, 소비와 투자를 촉진해 수요를 끌어올려야만 경기가 살아날 수 있다는 것입니다. 이러한 사상은 훗날 '유효수요 이론'으로 체계화되었고, 20세기 대부분의 서방국가 경제정책에 큰 영향을 끼쳤습니다.

리카도 선생님은 애덤 스미스와 함께 영국 고전파 경제학을 대표하는 분으로, 국제무역에서 '비교우위론'이라는 혁신적 이론을 제시했습니다. '어떤 나라가 모든 상품을 잘 만들 수 있다고 해도, 각국은 자신이 상대적으로 더 효율적인 분야에 집중하고 다른 나라와 교역하는 것이 모두에게 이익이 된다'는 이 이론은 오늘날까지 국제무역의 기본 법칙으로 받아들여지고 있습니다.

또한 그는 경제의 본질을 '사회가 생산한 총부(總富)가 어떻게 분배되는가'라는 문제에서 찾았습니다. 사회가 만들어낸 총생산물이 지주에게 돌아가는 지대, 자본가에게 돌아가는 이윤, 노동자에게 돌아가는 임금으로 어떻게 나뉘는지가 경제학의 핵심이라고 본 것입니다. 특히 지대가 계속 상승하면 자본가의 이윤이 줄고, 결국 경제성장이 정체된다고 경고했습니다.

다른 시대를 살았고 서로 다른 관점을 가진 세 분의 토론을 통해 오늘날 우리가 맞닥뜨린 경제 문제를 새롭게 바라보고, 시장과 국가의 역할을 균형 있게 이해할 수 있는 지혜를 얻을 수 있기를 바랍니다.

오늘 토론은 스미스, 리카도 선생님과는 주장이 다른 케인스 선생님이 수적으로 좀 불리한 구도인데, (웃음) 그래도 세 분의 열띤 토론을 기대합니다.

1. 보이지 않는 손 vs 정부의 손

아고라: 2008년 금융위기, 2020년 코로나19 팬데믹을 겪으면서 시장만능주의에 대한 의문이 커지고 있습니다. 시장이 스스로 균형을 찾는다는 보이지 않는 손의 논리와, 시장이 실패할 때 정부가 적극적으로 개입해야 한다는 케인스주의 사이의 논쟁은 여전히 현재진행형입니다. 스미스 선생님, 시장의 자율 조정 능력에 대해 말씀해주시겠습니까?

스미스: 많은 사람들이 제가 말한 보이지 않는 손을 만능열쇠로 오해합니다. 저는 시장이 모든 문제를 자동으로 해결한다고 말한 적이 없습니다. 시장이 제대로 작동하기 위해서는 공정한 경쟁, 충분한 정보, 적절한 법과 제도적 장치가 필요합니다.

저는 정부의 역할도 분명히 인정했습니다. 국방, 사법, 도로·항만 건설 등 공공사업은 정부가 담당해야 합니다. 다만 정부가 개별 기업의 경영이나 시장의 가격 결정에 개입하는 것은 바람직하지 않다고 봤습니다. 시장의 자연스러운 조정 기능을 망칠 위험이 있기 때문이죠.

제가 말한 것은 '조건이 충족될 때 시장은 스스로 균형을 찾는다'는 것이지, 시장이 절대적으로 옳다는 뜻은 아니었습니다.

케인스: 스미스 선생님의 이론은 장기적으로는 맞을지 모르지만, 단기적으로는 문제가 많습니다. 시장이 균형을 찾을 때까지 기다리는 동안 수많은 사람들이 실업과 빈곤에 시달리게 됩니다. 1930년대 대공황을 떠올려 보십시오. 수요가 증발하고 은행이 무너졌을 때 시장은 스스로 회복하지 못했습니다.

그 위기를 넘긴 건 정부의 적극적 재정 지출과 공공투자였습니다. 미국 루스벨트의 뉴딜 정책이 대표적인 사례이죠. 코로나 19 팬데믹 때도 마찬가지였습니다. 각국 정부가 막대한 지원금을 풀고 공공의료 체계를 가동했기 때문에 대규모 붕괴를 막을 수 있었습니다.

시장은 장기적으로 자원 배분을 잘할 수 있을지 몰라도, 단기적인 충격을 흡수하려면 정부의 개입이 필수적입니다.

리카도: 두 분 말씀 모두 일리가 있습니다만, 저는 자유무역과 경쟁이 근본적으로 최선이라고 믿습니다. 각국은 비교우위에 따라 특화하고 서로 교역해야 합니다. 그럴 때 전체 부가 극대화됩니다. 반대로 정부가 인위적으로 산업을 보호하거나 보조금을 남발하면, 효율성이 떨어지고 오히려 사회 전체의 자원은 낭비됩니다. 물론 단기적으로는 불황과 고통이 따를 수 있습니다. 그러나 장기적으로 볼 때 자유로운 시장 경쟁이야말로 가장 효율적이고 공정한 자원 배분을 보장합니다.

아고라: 흥미롭게도 현대 경제학자들도 여전히 비슷한 논쟁을 벌이고 있습니다.

프리드먼(Milton Friedman) 같은 시카고학파 경제학자는 '시장의 자유로운 경쟁이 경제를 발전시킨다. 정부는 최소한의 역할만 해야 한다'고 하고, 반면에 스티글리츠(Joseph E. Stiglitz)는 '시장은 늘 실패할 수 있다. 정보의 비대칭성 때문에 자유경쟁은 현실에서 제대로 작동하지 않는다. 불평등을 방치하면 사회와 경제 모두 병들게 된다. 따라서 정부의 적극적 개입과 규제가 필요하다'고 주장합니다.

2. 자유무역 vs 보호무역

아고리: 최근 세계 경제는 자유무역에 대한 신뢰가 흔들리고 있습니다. 미·중 무역전쟁, 브렉시트, 코로나19로 인한 공급망 차질은 국가들이 무역을 단순한 경제활동이 아니라 안보와 전략의 문제로 바라보게 만들었습니다. 국가 안보와 핵심 산업을 지키기 위해서는 일정 수준의 보호무역이 불가피하다는 목소리도 점점 커지고 있습니다.

특히 트럼프 정부의 미국은 기존의 자유무역 원칙을 흔드는 관세폭탄 정책을 시행하고 있습니다. 전 세계 주요 교역국에게 고율의 관세를 일방적으로 부과하며, 미국 산업의 보호를 주장하고 있습니다. 이로 인해 세계 각국은 리카도 선생님이 주장했던 자유무역과 비교우위의 원리가 과연 여전히 유효한지 다시 묻게 되었습니다.

어떻게 하면 자유무역을 유지하면서 국가 안보와 전략산업도 함께 지켜낼 수 있을까요? 이런 상황에서 리카도 선생님의 비교우위론은 여전히 유효할까요?

리카도: 물론입니다. 비교우위의 원리는 시대와 상관없이 변하지 않습니다. 영국이 포르투갈보다 포도주 생산에서 절대적으로 뒤처져도, 상대적으로 덜 불리한 모직물에 특화하면 양국 모두 교역을 통해 더 많은 이익을 얻을 수 있습니다. 이것이 제가 주장한 비교우위의 핵심입니다.

물론 보호무역은 단기적으로는 특정 산업을 보호할 수 있겠지요. 하지만 장기적으로는 경쟁을 약화시키고, 기업의 혁신 의지를 꺾으며, 결국 소비자에게 더 비싼 가격과 낮은 품질로 부담을 줍니다.

최근 미국 트럼프 정부의 관세 정책은 이를 잘 보여줍니다. 그는 '미국 우선주의(America First)'를 내세워 중국, 유럽연합, 심지어 한국을 비롯한 동맹국들에게도 고율의 관세를 부과했습니다. 철강·알루미늄 같은 원자재부터 반도체, 태양광 패널, 심지어 자동차까지 광범위하게 관세 장벽을 높였지요. 미국 일자리와 산업을 보호한다는 명분이었지만, 실제로는 국제 공급망을 혼란에 빠뜨리고, 무역 상대국의 보복 관세를 불러와 오히려 미국 소비자들에게 큰 피해를 안길 것입니다.

비교우위에 따른 자유무역의 원리를 무시하고, 미국이 마가(Make America Great Again) 같은 정치적 구호로 보호무역을 정당화하면 결국 세계 경제 전체가 위축됩니다. 진정한 안보는 국경을 높게 닫는 것이 아니라, 공정한 경쟁과 협력을 통해 서로 의존하며 안정적인 관계를 유지하는 데서 비롯됩니다.

스미스: 리카도 선생님의 말씀에 저도 전적으로 공감합니다. 『국부론』에서 제가 강조했듯이 자유무역은 국부를 늘리는 가장 중요한 원리입니다. 그러나 현실의 국제관계 속에서 저는 몇 가지 예외를 인정했습니다.

첫째, 국방 관련 산업입니다. 국가의 생존과 안보에 직결되는 분야라면, 단순한 가격 논리만으로 외국에 의존해서는 안 됩니다. 설령 비용이 더 들더라도 자국 내에서 유지해야 하는 산업이 있습니다.

둘째, 상대국의 불공정 무역입니다. 만약 다른 나라가 먼저 높은 관세 장벽을 세운다면, 자국의 이해를 지키기 위해 보복관세를 고려할 수 있습니다. 다만 이 역시 장기적인 무역전쟁으로 번지지 않도록 신중해야 합니다.

셋째, 유치산업(Infant Industry) 보호입니다. 아직 성장 단계에 있는 산업은 국제 경쟁에서 쉽게 무너질 수 있습니다. 따라서 일정 기간 합리적인 보호를 통해 경쟁력을 키울 시간을 주는 것이 바람직할 수 있습니다. 그러나 이런 보호가 영구화된다면 기업은 혁신할 동기를 잃고, 결국 국가 경쟁력을 약화시키게 됩니다.

따라서 중요한 것은 예외의 필요성을 인정하되, 그것을 엄격히 제한하는 것입니다. 보호무역은 잠시의 방패일 수 있지만, 영원한 해결책은 아닙니다. 무역의 본질은 협력과 경쟁을 통한 상호 번영이라는 점을 잊어서는 안 됩니다

케인스: 두 분의 자유무역 옹호에 저는 약간 다른 시각을 보태고 싶습니다. 이론적으로 자유무역은 상호 이익을 약속하지만, 현실은 훨씬 복잡합니다. 어떤 나라는 만성적인 무역적자에 시달리고, 다른 나라는 과도한 무역흑자를 기록합니다. 이러한 불균형은 특정 국가의 경제를 불안정하게 만들 뿐 아니라, 세계경제 전체에도 위기를 초래할 수 있습니다.

역사는 이를 잘 보여줍니다. 1930년대 대공황은 단순한 시장 실패만이 아니라, 무역 위축과 보호무역 확산이 위기를 더 깊게 만든 사례였습니다. 각국이 자국 산업을 지키겠다며 경쟁적으로 관세 장벽을 세운 결과, 세계 교역은 급격히 줄어들고 실업과 빈

곤은 더욱 악화되었습니다.

그래서 저는 주장합니다. 완전고용이야말로 자유무역보다 우선하는 목표입니다. 국민 다수가 일자리를 잃는 상황에서 아무리 무역 이론이 훌륭하다 한들 그것은 공허한 이야기일 뿐입니다. 정부는 단순히 자유무역을 외칠 것이 아니라, 필요하다면 자본 통제, 환율 조정, 재정 정책 같은 적극적인 수단을 동원해야 합니다.

자유무역은 분명 중요합니다. 그러나 국민이 실업과 빈곤에 빠진다면 그 자유무역은 사회적 기반을 잃게 됩니다. 시장과 정부의 균형 속에서만 자유무역은 지속 가능한 힘을 가질 수 있습니다.

아고라: 정말 흥미로운 말씀입니다. 실제로 오늘날 한국 역시 반도체, 배터리 같은 전략산업의 공급망 안정성을 크게 우려하고 있습니다. 미·중 갈등은 단순한 경제 논리를 넘어, 국가 안보와 세계 패권 경쟁까지 얽히며 더욱 복잡한 양상으로 전개되고 있지요.

이제 무역정책은 단순히 자유무역의 이익만을 따질 수 없습니다. 공급망의 안정, 국가 안보, 사회적 형평성까지 함께 고려해야 하는 상황에 놓여 있습니다. 자유무역의 원리가 여전히 유효하다 하더라도, 이를 무조건 적용하기는 어려운 현실입니다.

미국이 주도하는 새로운 보호무역적 흐름은 바로 이러한 균형

찾기의 어려움을 잘 보여주는 사례입니다. 특히 트럼프 대통령의 미국 우선주의 무역정책은 동맹국과의 협력까지 희생시키면서 자국 산업만을 지나치게 보호하려고 합니다. 이런 정책은 단기적으로는 특정 산업을 살릴 수 있을지 모르지만, 장기적으로는 세계경제를 분열시키고, 국제질서를 불안정하게 만드는 위험한 길이라는 비판을 받고 있습니다.

3. 불평등과 시장의 한계

아고라: 토마 피케티(Thomas Piketty)는 방대한 양의 역사적 데이터를 분석해 자본주의경제에서는 장기적으로 부의 불평등이 심화될 수밖에 없다고 예측했습니다.

그에 따르면 자본수익률(r)이 경제성장률(g)보다 크기 때문에, 토지·주식·부동산 같은 자산에서 얻는 수익이 노동으로 버는 임금보다 더 빠르게 늘어나며, 결국 부자는 더 부자가 되고 가난한 사람은 더 뒤처지게 됩니다. 한국에서도 부동산 가격 급등으로 '영끌족(영혼까지 끌어 모아 대출받아 집을 사는 세대)', '갭투족(전세를 끼고 집을 사는 투자자)' 같은 신조어가 생겨났습니다. 시장경제가 발달할수록 불평등도 커지는 것 같은데, 이를 어떻게 봐야 할까요?

스미스: 이는 매우 중요한 문제입니다. 부자에게는 사회적 책임이 따릅니다. 시장경제가 발달하면 전체적인 부는 늘어나지만, 그 혜택이 공정하게 분배되지 않을 수 있습니다. 특히 독점이나 특권이 생기면 심각한 불평등으로 이어집니다. 저는 이미 제가 살던 18세기에 같은 업종 사람들이 모이면 대중을 속이거나 가격을 올릴 방법을 의논하게 된다고 경고한 바 있습니다. 부동산 문제도 비슷합니다. 토지가 독점되면 공급이 제한되고, 소수만 막대한 이익을 얻습니다. 중요한 것은 공정한 경쟁을 지키는 것입니다.

케인스: 피케티의 분석은 제가 오래전부터 강조해온 사실을 다시 보여줍니다. 불평등은 단순히 도덕적 문제가 아니라, 경제성장 자체를 가로막는 요인입니다.

부자들은 소득이 늘어나도 소비를 크게 늘리지 않습니다. 반면에 서민과 중산층의 소득이 늘어나면 대부분 소비로 이어집니다. 그런데 부자들의 자산 가격이 급등해 부의 격차가 벌어지면, 경제 전체의 유효수요가 부족해지고, 결국 기업의 투자도 줄어들며 경기침체가 나타납니다.

따라서 적극적인 재분배 정책이 필요합니다. 소득이나 재산이 많을수록 더 높은 세율을 적용하는 누진세(累進稅), 그리고 이자·배당 등 자본소득에 대한 과세 강화가 필요합니다. 그 재원으로 공공투자와 복지를 확대하면, 오히려 경제가 더 건강하게 성장합니다. 불평등 해소와 성장은 대립하는 것이 아니라 서로를 강화할 수 있습니다.

리카도: 불평등은 분명 안타까운 현실입니다. 저 역시 땅 주인이 지나치게 많은 이익을 가져가면, 정작 돈을 투자하는 자본가와 땀 흘려 일하는 노동자들은 손해를 보게 된다고 경고한 바 있습니다. 그러나 이를 해결하기 위해 정부가 지나치게 개입하는 것은 더 큰 부작용을 낳을 수 있습니다.

과도한 세금과 재분배는 근로 의욕을 떨어뜨리고 투자를 위축시킬 위험이 있습니다. 부를 창출하는 가장 확실한 방법은 생산성을 높이는 것입니다. 교육과 기술혁신을 통해 노동자들의 역량을 키우고, 자유무역을 확대해 각국이 비교우위를 살리면 전체적인 부가 늘어나고 생활수준이 올라갑니다.

다시 말해서 불평등은 완전히 없앨 수 없지만, 성장의 과실을 더 많은 사람이 누릴 수 있도록 하는 것이 바람직합니다. 정부의 역할은 시장이 활력을 잃지 않도록 제도를 정비하고, 기회의 사다리를 마련하는 정도에 그쳐야 합니다.

4. 기술혁신과 일자리

아고라: 리카도 선생님께서 기술혁신을 말씀하셨는데, 4차 산업 혁명으로 인공지능과 자동화가 급속히 발전하면서 많은 일자리가 사라질 것이라는 우려가 커지고 있습니다. 단순 반복 노동뿐 아니라 회계, 법률 자문, 의학 진단 같은 전문직 영역까지 위협받고 있습니다. 과연 시장이 이런 변화에 자연스럽게 적응할 수 있을까요, 아니면 정부의 개입이 필요할까요?

스미스: 기술혁신은 인류 발전의 원동력입니다. 제가 『국부론』에서 핀 공장의 분업과 기계화 사례를 들었을 때도 사람들은 일자리가 줄어들 것이라고 걱정했습니다. 하지만 결과적으로 생산성이 높아지고, 더 많은 재화가 더 낮은 가격에 공급되면서 사람들의 생활수준은 개선되었습니다.

물론 단기적으로는 일부 직업이 사라질 수 있습니다. 하지만 동시에 새로운 직업과 산업이 나타나기 마련입니다. 과거 농업에서 산업으로, 산업에서 서비스업으로 이동한 것처럼 말이지요. 중요한 것은 교육과 훈련입니다. 사람들이 변화에 적응할 수 있도록 지속적인 학습과 기술 습득의 기회를 제공해야 합니다. 기술은 위협이 아니라, 올바르게 활용하면 모두를 위한 기회가 될 수 있습니다.

케인스: 스미스 선생님 말씀처럼 장기적으로는 기술이 부를 늘릴 수 있습니다. 그러나 기술혁신의 속도가 문제입니다. 과거 산업혁명 시기에는 변화가 수십 년, 혹은 세기에 걸쳐 이루어져 사람들에게 적응할 시간이 있었습니다. 하지만 오늘날 인공지능과 자동화는 몇 년 만에 수백만 개의 일자리를 바꿔버릴 수 있습니다.

저는 이것이 대규모 기술적 실업을 불러올 가능성이 크다고 봅니다. 시장에만 맡겨두면 실업과 소득 불평등은 사회적 불안을 증폭시킬 겁니다. 따라서 정부가 적극적으로 개입해야 합니다. 재교육·재훈련 프로그램으로 노동자들이 새로운 직업을 갖도록 돕고, 일정 기간 사회 안전망을 통해 생활을 보장해야 합니다.

기술이 인간 노동을 대체하는 속도가 너무 빠르다면, 기본소득 같은 새로운 제도도 검토해야 합니다. 이것은 단순한 복지가 아니라, 사회 전체의 안정과 지속적 수요 창출을 위한 투자입니다.

리카도: 저는 기술의 발전이 노동을 대체하는 과정이 경제의 자연스러운 진화라고 생각합니다. 제가 살던 산업혁명기에도 기계가 등장하면서 노동자들이 불안해했습니다. 그러나 장기적으로 보면 기계는 생산성을 크게 향상시켰고, 더 많은 부와 더 나은

생활을 가능하게 했습니다.

정부가 기술 발전을 인위적으로 늦추거나 특정 산업의 일자리를 보호하려 한다면, 오히려 경제 전반의 발전을 저해할 수 있습니다. 중요한 것은 노동과 자본이 자유롭게 이동하도록 하고, 시장이 새로운 균형점을 찾도록 내버려두는 것입니다.

물론 전환 과정에서 고통이 따를 수 있습니다. 하지만 노동자들이 더 생산적인 산업으로 옮겨갈 수 있도록 시장의 신호를 따르는 것이 장기적으로 더 큰 번영을 보장합니다. 보호무역이나 과도한 규제로 기존 일자리를 지키려 하기보다는, 개방과 경쟁을 통해 새로운 기회를 만들어나가는 것이 바람직합니다.

5. 환경과 지속 가능성

아고라: 오늘날 기후변화와 환경 파괴는 인류의 생존을 위협하는 가장 큰 문제입니다. 그러나 성장을 지향하는 시장경제가 과연 환경 보존과 양립할 수 있을지는 의문입니다. 이를 해결하기 위한 방안으로 탄소세와 온실가스 배출권 거래제 같은 제도가 제시되는데, 과연 이러한 정책이 효과적인 해법이 될 수 있을까요?

스미스: 제가 살던 시대에는 환경문제가 크게 부각되지 않았지

만. 원리는 같습니다. 시장이 제대로 작동하려면 모든 비용이 가격에 반영되어야 합니다. 그런데 공장 굴뚝에서 나오는 연기나 온실가스 배출은 사회 전체에 피해를 주지만, 개별 기업은 그 비용을 부담하지 않습니다. 이것이 바로 시장 실패지요.

탄소세 같은 제도는 이 문제를 해결하는 합리적인 방법입니다. 환경 파괴의 비용을 가격에 포함시키면, 기업들은 자연스럽게 친환경 기술과 에너지 절약 방식을 개발할 것입니다. 시장의 효율성을 살리면서도 환경을 보호할 수 있는 길이 열린다는 뜻이지요.

케인스: 환경문제는 전형적인 시장 실패 사례입니다. 개별 기업과 소비자는 합리적으로 행동한다고 생각하지만, 그 선택이 모이면 사회 전체에 비합리적이고 위험한 결과를 낳습니다. 이런 문제는 시장에만 맡겨둘 수 없습니다.

탄소세도 분명 유용하지만, 그것만으로는 부족합니다. 저는 적극적인 정부 개입, 즉 그린 뉴딜(Green New Deal) 같은 대규모 공공투자가 필요하다고 생각합니다. 재생에너지, 친환경 인프라, 전기차 충전소 같은 기반 시설에 정부가 나서서 투자해야 합니다. 그렇게 하면 환경보호와 일자리 창출, 그리고 새로운 성장 동력을 동시에 얻을 수 있습니다. 기후 위기를 기회의 창으로 삼을 수도 있는 겁니다.

리카도: 환경 규제의 필요성은 인정합니다. 하지만 지나치면 경제 성장을 저해하고 국제 경쟁력을 약화시킬 수 있습니다. 한 나라만 엄격한 규제를 시행하면, 기업들은 규제가 덜한 나라로 생산 시설을 옮길 수 있습니다. 이는 결국 환경에도 도움이 되지 않습니다.

저는 환경문제의 근본적 해법은 기술혁신에 있다고 봅니다. 시장이 자유롭게 작동할수록 더 효율적이고 친환경적인 기술이 개발됩니다. 태양광이나 풍력발전 같은 에너지원이 시장 경쟁 속에서 점점 가격을 낮추며 보급되는 현상은 이를 잘 보여줍니다. 따라서 정부 개입보다는 국제적 협력과 자유무역 확대가 바람직합니다. 각국이 비교우위를 살려 친환경 기술을 개발하고 교역하면, 세계 전체가 이익을 얻을 수 있습니다.

6. 시장경제의 미래

아고라: 디지털 기술의 발달로 인해 디지털 경제, 플랫폼 자본주의, 암호화폐 등 새로운 현상들이 우후죽순처럼 나타나고 있습니다. 전통적인 시장경제 이론으로 이런 변화를 어떻게 설명할 수 있을까요?

스미스: 본질은 변하지 않습니다. 인간은 누구나 자기 이익을 추구하지만, 그 과정에서 보이지 않게 다른 사람들에게도 도움이 되는 결과가 나타납니다. 이것이 바로 시장의 기본원리입니다. 디지털 시대라고 해서 다르지 않습니다. 유튜브·쿠팡·배달앱 같은 플랫폼은 소비자와 공급자를 직접 연결해 거래 비용을 줄이고, 새로운 시장을 열어 효율성을 크게 높였습니다. 암호화폐나 블록체인 기술 또한 중개 비용을 낮추고 거래 과정을 투명하게 만들 수 있다면, 사회 전체의 부를 키우는 데 기여할 수 있을 것입니다.

그러나 제가 『국부론』에서 강조했듯이, 모든 시장이 스스로 완벽히 작동하는 것은 아닙니다. 특히 독점과 담합은 시장의 가장 큰 적입니다. 디지털 플랫폼이 막대한 데이터를 독점하거나, 알고리즘으로 정보를 은밀히 조작한다면 보이지 않는 손은 더 이상 제 역할을 하지 못하게 됩니다. 소비자는 선택의 자유를 잃고, 혁신은 멈추며, 사회 전체의 이익도 줄어듭니다. 시장의 자율성만큼이나 공정한 경쟁을 보장하는 제도와 감시가 필요합니다. 시장은 인간의 본성을 활용한 훌륭한 장치이지만, 방치할 경우 그 본성의 어두운 면이 사회를 위협할 수도 있기 때문입니다.

케인스: 디지털 경제는 기존 경제학의 전제를 근본적으로 흔들

고 있습니다. 전통적인 상품은 더 많이 만들수록 비용이 늘어나지만, 디지털 상품은 다릅니다. 소프트웨어나 스트리밍 콘텐츠처럼 한 번만 제작되면 이후에는 거의 비용 없이 무한히 복제할 수 있습니다. 상품을 하나 더 만들 때 드는 추가 비용인 한계비용(marginal cost)이 사실상 0에 가까운 것이지요. 이런 특징 때문에 시장구조도 달라집니다. 특히 플랫폼 경제에는 강력한 네트워크 효과가 작동합니다. 사용자가 늘어나면 서비스의 가치가 기하급수적으로 커지고, 결국 몇몇 기업이 시장을 독식하는 승자독식 구조로 이어집니다.

이러한 디지털 독점은 철강, 석유 같은 산업 독점과는 성격이 크게 다릅니다. 단순히 시장 점유율을 기준으로 나누는 규제만으로는 대응하기 어렵습니다. 오늘날 핵심은 데이터입니다. 누가 데이터를 얼마나 독점하느냐, 그 데이터를 어떻게 활용하느냐가 곧 권력과 부를 결정합니다. 따라서 개인정보 보호, 알고리즘의 투명성, 데이터 접근의 공정성 같은 새로운 기준이 필요합니다.

저는 정부가 이런 새로운 형태의 불완전 경쟁을 바로잡아야 한다고 생각합니다. 디지털 플랫폼이 혁신과 편리를 가져다주는 동시에, 불평등과 불공정을 심화시키지 않도록 제도적 장치가 마련되어야 합니다. 정부는 시민의 권리, 특히 사생활 보호와 선택의 자유를 지키는 최후의 보루입니다. 혁신을 가로막지 않으면서도 공정한 시장 질서를 유지하는 균형 감각이 필요하지요. 디지털 경제의 미래는 시장의 힘과 정부의 현명한 개입이 어떻게 어우러지느냐에 달려 있다고 할 수 있습니다.

리카도: 기술이 아무리 발전해도 비교우위의 원칙은 여전히 유효합니다. 모든 나라가 모든 분야에서 최고가 될 수는 없습니다. 어떤 나라는 인공지능과 소프트웨어 개발에서, 또 어떤 나라는 반도체 제조나 로봇 산업에서, 혹은 콘텐츠와 문화산업에서 강점을 가질 수 있습니다. 중요한 것은 각국이 자신이 잘할 수 있는 분야에 특화하고, 그 성과를 자유롭게 교역하는 것입니다. 그렇게 할 때 국제사회 전체가 더 큰 이익을 얻을 수 있습니다.

디지털 무역도 마찬가지입니다. 암호화폐와 블록체인 기술은 단순히 새로운 결제 수단을 넘어, 국경을 초월한 거래의 효율성을 높이고, 중개 비용을 크게 줄이는 잠재력을 지니고 있습니다. 만약 신뢰성과 투명성이 확보된다면, 세계 시장은 한층 더 자유롭고 활발하게 연결될 수 있을 것입니다.

물론 위험도 경계해야 합니다. 디지털 화폐가 투기적 거품을 만들거나, 범죄와 자금 세탁에 악용되는 부작용도 있을 수 있기 때문입니다. 그러나 그렇다고 정부가 과도하게 시장을 옥죄고 혁신의 싹을 자르는 것은 바람직하지 않습니다. 중요한 것은 균형입니다. 건전한 규제와 자율적 발전이 조화를 이룰 때, 시장은 스스로 새로운 균형을 만들어낼 것입니다. 저는 오히려 정부가 일정한 원칙을 세우고 그 안에서 자유로운 경쟁을 보장할 때, 세계 무역은 디지털 시대에도 한층 더 번영할 수 있다고 믿습니다.

아고라: 진지하고 열띤 토론 감사합니다. 오늘 우리는 250여 년 전 애덤 스미스가 던진 질문들이 여전히 현재진행형임을 확인했습니다. 스미스의 '보이지 않는 손', 케인스의 '정부의 손', 리카도의 '자유무역의 손'은 서로 다른 길을 제시하는 듯 보이지만, 결국 모두 인간 사회의 번영을 지향합니다. 중요한 것은 어느 하나의 손만 붙드는 것이 아니라, 시대와 상황에 맞게 세 가지 손이 균형을 이루도록 만드는 일인 것 같습니다.

마지막으로 청중들께 질문하면서 '지혜의 광장'을 끝마치겠습니다.

"당신은 어떤 경제 시스템을 선호하시나요?"

❶ 자유로운 시장 경쟁을 중시하는 경제 – 스미스형

❷ 정부의 적극적 개입을 통한 경제-케인스형

❸ 완전한 자유무역을 추구하는 경제-리카도형

열심히 일하면 일할수록 더 가난해진다면 어떨까요? 일한 만큼 정당한 대가를 받지 못하거나, 월급이 제때 지급되지 않는다면? 자기 잘못도 아닌데 갑자기 해고 통보를 받는다면? 어떻게 이런 문제들을 해결할 수 있을까요? 마르크스는 자본주의 사회의 구조적 모순을 파헤치고, 부가 어떻게 축적되는지 그 비밀을 탐구했습니다. 그는 노동자 편에 서서 세상을 어떻게 변화시킬 수 있는지 실천한 이론가이자 혁명가였습니다. 카를 마르크스를 만나봅시다.

카를 마르크스
「자본론」

돈이 돈을 낳는 비밀

카를 마르크스,
당신은 누구?

'자본주의는 스스로의 무덤을 판다.'

이렇게 자본주의의 종말을 경고한 사람은 독일 철학자이자 혁명가 카를 마르크스(Karl Marx, 1818~1883)입니다. 그의 대표작 『자본론』은 단순한 경제학책을 넘어, 인류 역사상 가장 깊은 영향을 남긴 사상서 가운데 하나로 꼽힙니다. 이 혁명적인 책은 젊은 시절부터 정치적 탄압과 망명을 겪은 마르크스의 파란만장한 삶, 그리고 19세기 유럽을 휩쓴 산업혁명과 노동자 운동, 사회주의 사상의 확산이 한데 얽혀 탄생한 결과물이었습니다. 이제 이 거대한 사상의 궤적 속으로 들어가, 그가 어떻게 자본주의를 해부하고 새로운 사회를 꿈꾸었는지 살펴볼까요?

1818년 마르크스는 프로이센왕국의 소도시 트리어에서 태어났습니다. 아버지는 유대인 변호사였지만, 차별을 피하고 성공하기 위해 기독교 루터파로 개종했습니다. 어머니 역시 네덜란드 유대인 가문 출신이었습니다. 덕분에 그는 부족함 없는 어린 시절을 보낼 수 있었습니다.

어린 마르크스는 아버지의 서재에서 루소, 볼테르 같은 계몽주의 사상가들의 책들을 탐독했습니다. 그는 기존 질서에 의문을 품기 시작했습니다. 특히 트리어 지역의 사회 현실은 그에게 큰 충격을 주었습니다. 포도밭에서 일하는 농민들의 궁핍한 생활과 귀족들의 호화로운 삶 사이의 극명한 대조를 목격하며, 그는 사회 불평등에 대해 깊이 생각하게 되었습니다.

17세에 본 대학에 입학한 마르크스는 법학을 전공했지만, 실제로는 철학과 역사에 더 관심이 많았습니다. 그는 밤늦도록 술집에서 친구들과 토론을 벌이고, 결투에 휘말리는 등 전형적인 당시 독일 대학생 생활을 했습니다. 아버지는 아들의 방탕한 생활을 걱정하며 베를린 대학으로 보냈습니다.

베를린은 당시 독일 지성계의 중심지였고, 헤겔 철학이 지배적인 위치를 차지하고 있었습니다. 처음에는 난해하고 관념적인 헤겔 철학을 싫어했지만, 점차 그 깊이에 매료된 마르크스는 '청년

헤겔파'에 가입했습니다. 이들은 헤겔의 변증법을 급진적으로 해석하여 기존 체제를 비판하는 도구로 사용했습니다. 특히 '종교를 비판하고 인간 중심의 철학을 주장'하는 포이어바흐(Ludwig Feuerbach)와 '성서는 역사적 사실이 아니라 허구'라는 바우어(Bruno Bauer)의 급진적 사상에 큰 영향을 받으며 기존 질서를 흔드는 생각을 발전시켰습니다.

1841년 마르크스는「데모크리토스와 에피쿠로스의 자연철학의 차이」라는 논문으로 박사 학위를 받았습니다. 이 논문에서 그는 자유를 강조하는 에피쿠로스의 유물론을 옹호하며 종교와 관념론을 비판했습니다. 그의 인간 사회를 물질적 조건에서 이해해야 한다는 유물론적 사고는 여기에서 출발했습니다.

박사 학위를 받은 마르크스는 대학교수가 되려고 했지만, 그의 급진적 사상 때문에 불가능했습니다. 대신 그는 언론계에 발을 들여놓았습니다. 1842년 그는 쾰른에서 발행되는「라인 신문」의 편집장이 되었습니다. 이 신문에서 그는 프로이센 정부의 검열 정책과 사회 불평등을 신랄하게 비판했습니다. 특히 모젤 지방 농민들의 궁핍한 현실을 고발한 기사는 큰 반향을 일으켰습니다.

'가난한 농민들이 숲에서 떨어진 나뭇가지를 주워다 땔감으로

쓰는 것조차 도둑질로 처벌받는 현실이 정의로운가?'

마르크스는 사유재산제도 자체에 의문을 제기했습니다. 이런 기사들로 인해 신문은 결국 폐간되었고, 그는 파리로 망명길에 올랐습니다.

1843년 마르크스는 결혼한 후 파리에 정착했습니다. 파리는 당시 혁명적 사상이 넘쳐나는 곳이었고, 그는 이곳에서 본격적으로 사회주의 사상가들과 교류하기 시작했습니다. 프루동, 바쿠닌, 하이네 같은 인물들과 접촉하며 그는 점점 철학자에서 혁명 사상가로 변모했습니다.

하지만 더 중요한 만남이 기다리고 있었습니다. 1844년 마르크스는 엥겔스(Friedrich Engels)를 만났습니다. 엥겔스는 독일의 부유한 방직업자 집안 출신으로, 영국 맨체스터에서 아버지의 공장을 관리하면서 노동자들의 참상을 직접 목격한 인물이었습니다. 두 사람은 첫 만남에서부터 의기투합했고, 이후 평생의 공동 연구자이자 혁명 동지가 되었습니다.

엥겔스는 마르크스에게 영국 산업혁명의 생생한 현실을 전해 주었습니다.

'공장에서 14시간씩 일하는 어린아이들, 기계에 팔이 잘려나가도 치료비조차 받지 못하는 노동자들, 지하실 같은 곳에서 온 가

대형 방직공장에서 일하는 아동들의 모습.　　19세기 공장의 복잡한 기계와 노동자들의 작업 모습.

족이 함께 사는 빈민가의 현실을 보면 자본주의의 진면목을 알 수 있습니다.'

이런 현실을 전해들은 마르크스는 자본주의 비판 연구에 더욱 매달렸습니다.

1845년 프로이센 정부의 압력으로 프랑스에서도 추방당한 마르크스는 브뤼셀로 이주했습니다. 이곳에서 그는 엥겔스와 함께 『독일 이데올로기』를 집필하며 유물론적 역사관을 정립했습니다.

"인간의 의식이 그들의 존재를 규정하는 것이 아니라, 오히려 그들의 사회적 존재가 그들의 의식을 규정한다."

이처럼 사회적·물질적 조건(경제적 토대)이 인간의 의식과 사고를 형성한다는 마르크스의 주장은 정신이 존재를 규정한다는 헤겔의 관점을 뒤집는 것이었습니다.

1848년 유럽 전역에 혁명의 불길이 타올랐습니다. 마르크스와 엥겔스는 이 시기에 맞춰『공산당 선언』을 발표했습니다.

"만국의 프롤레타리아여, 단결하라!"

이 선언문은 전 유럽의 노동자들에게 큰 반향을 일으켰습니다. 하지만 혁명은 실패했고, 마르크스는 다시 런던으로 망명길에 올라야 했습니다.

1849년 런던에 정착한 마르크스는 평생을 이곳에서 보내게 되었습니다. 하지만 런던에서의 생활은 극도로 궁핍했습니다. 수입이 거의 없어 늘 빚에 시달렸고, 세 명의 자녀가 영양실조와 질병으로 세상을 떠났습니다. 그럼에도 그는 연구를 포기하지 않고 매일 대영박물관 도서관에 나가 경제학 서적들을 탐독했습니다. 스미스, 리카도, 맬서스 등 고전 경제학자들의 책을 꼼꼼히 분석하며, 자본주의의 모순을 파헤쳤습니다.

그는 특히 '가치'의 문제에 주목했습니다. 스미스와 리카도는 상품의 가치가 그것을 생산하는 데 들어간 노동량에 의해 결정된다고 했습니다. 그렇다면 왜 노동자가 받는 임금은 자신이 만들어낸 가치보다 적은가? 노동자가 만든 상품의 가치와 노동자가 받는 임금의 차이는 어디서 오는 것일까? 이 질문에서 나온 것이 바로 '잉여가치'라는 개념입니다.

'노동자는 생활에 필요한 가치만큼 임금을 받고, 나머지 잉여는 자본가의 몫이 된다. 이것이 착취의 본질이다.'

마르크스의 연구는 단순한 이론 작업에 머물지 않았습니다. 그는 런던의 공장 지대와 빈민가를 직접 돌아다니며 현실을 체감했고, 영국 의회의 보고서, 공장 감독관의 기록, 신문 기사 등 방대한 자료를 수집·분석했습니다. 어린이들이 기계 밑으로 기어들어가 청소하다 사고를 당하는 일, 16시간 연속 근무로 쓰러지는 여성 노동자들의 이야기 등이 『자본론』 곳곳에 구체적으로 인용되어 있습니다.

1867년 마르크스는 마침내 『자본론』 1권을 출간했습니다. 그는 자본주의의 작동 원리를 해부학자처럼 정밀하게 분석했습니다. 상품, 화폐, 자본의 개념부터 시작해서 잉여가치의 생산과 축적 과정까지 자본주의경제의 모든 측면을 다뤘습니다.

그러나 건강 악화로 2권과 3권은 미완으로 남았고, 1883년 아내와 딸을 잃은 후 심신이 크게 쇠약해진 마르크스는 64세의 나이로 런던에서 생을 마쳤습니다. 그의 장례식에는 불과 11명만이 참석했지만, 엥겔스는 추도사에서 이렇게 말했습니다.

'마르크스는 무엇보다도 혁명가였습니다. 어떤 형태로든 지배

계급의 타도에 기여하
고, 현대 프롤레타리아
를 해방시키는 것이 그
의 진정한 사명이었습니
다. 투쟁이 그의 본질이
었습니다.'

『자본론』 초판본 1867.

마르크스는 철학자이
자 언론인이었고, 동시에 혁명가였습니다. 그는 사회의 모순을
단순히 이론으로 분석하는 데 그치지 않고, 현실을 바꾸려는 실
천의 사상가였습니다.

마르크스가 완성하지 못한 『자본론』 2권과 3권은 엥겔스가 유
고를 정리해 출간했습니다. 이후 그의 사상은 러시아혁명, 중국
혁명과 세계 사회주의 운동에 결정적 영향을 주었고, 20세기 세
계사의 흐름을 바꾸었습니다.

『자본론』 핵심 쏙쏙!

마르크스의 『자본론』은 자본주의사회의 작동 원리를 해부하고, 그 속에 숨어 있는 모순과 불평등을 날카롭게 드러낸 책입니다. 겉으로는 자유롭고 평등해 보이는 시장 거래가 사실은 착취와 불평등을 감추고 있으며, 그 모순 때문에 결국 무너질 수밖에 없다고 주장했습니다. 이 책은 단순한 학문적 연구를 넘어, 사회주의 혁명의 사상적 토대가 되었고, 오늘날에도 불평등, 노동, 자본의 문제를 생각하게 만드는 살아 있는 고전입니다.

잉여가치가 착취의 비밀이다

마르크스는 자본주의사회에서 자본가의 이윤이 어디서 나오는지를 철저히 파헤쳤습니다. 그의 분석에 따르면 노동자는 하루

8시간을 일하지만, 자신의 생활을 유지하는 데 필요한 가치, 즉 임금에 해당하는 몫은 절반인 4시간 만에 생산합니다. 나머지 4시간 동안 생산한 가치는 노동자에게 돌아가지 않고 자본가가 차지합니다. 이 초과분이 바로 잉여가치입니다. 마르크스는 '자본가는 노동력을 그 가치대로 사지만, 노동력이 실제로 생산해내는 가치는 그보다 훨씬 크다'고 설명합니다. 자본주의의 이윤은 바로 이 차이, 즉 노동자가 생산했으나 임금으로 보상받지 못한 부분에서 발생한다는 것입니다. 그는 이를 자본주의 착취의 핵심 메커니즘이자 경제학적으로 입증된 사실로 제시했습니다.

상품은 자본주의의 출발점이다

마르크스는 『자본론』의 첫 장을 상품 분석으로 시작합니다. 그에 따르면 자본주의사회의 가장 기본 단위는 바로 상품입니다. 상품은 사용가치와 교환가치 두 가지 성격을 가진다고 보았습니다. 사용가치는 빵이 배고픔을 해결하고 옷이 몸을 가려주는 것처럼 실제 생활에서 쓸모 있는 효용입니다. 교환가치는 코트 한 벌이 아마포 20야드와 맞바꿀 수 있는 것처럼 시장에서 교환되는 비율을 뜻합니다.

문제는 자본주의에서는 사람들의 필요보다 교환가치, 즉 이윤을 목적으로 하는 교환이 더 중요해진다는 것입니다. 그렇다면 교환에 필수적인 모든 상품의 가치를 잴 수 있는 기준은 무엇일까요? 그것은 바로 노동입니다. 상품의 가치는 단순한 물건의 속성이 아니라, 그것을 생산하는 데 들어간 노동시간에 의해 결정됩니다.

화폐가 숨긴 노동의 흔적

상품이 서로 교환되면서 자연스럽게 화폐가 등장했습니다. 화폐는 물건을 사고파는 일을 훨씬 편리하게 해줬지만, 중요한 착각도 불러왔습니다. 사람들은 마치 상품이 본래부터 스스로 가치를 지니고 있는 것처럼 착각하게 된 겁니다.

실제로 상품의 가치는 그 물건을 만든 사람들의 노동이 반영된 결과입니다. 그런데 화폐는 이런 노동의 흔적을 가려버리고, 단지 교환가치만을 보여줍니다. 그 결과 사람들은 상품이 저절로 가치를 창출한다고 믿게 됩니다.

이 착각은 자본주의사회의 불평등 구조를 은폐하는 데 중요한 역할을 합니다. 임금은 겉으로 보면 내가 일한 만큼 받는 노동의 대가처럼 보입니다. 하지만 실제로는 내가 만들어 낸 가치 전체가 다 임금으로 돌아오지 않습니다. 그중 생활비만큼만 임금으로 받고, 나머지 잉여가치는 자본가의 이윤으로 넘어가는 구조입니다. 그러나 화폐는 이런 관계를 감추고, 단순히 돈을 주고받는 거래로 보이게 합니다. 그래서 화폐는 단순한 교환 수단이 아니라, 자본주의의 착취와 불평등을 가려주는 가면과 같은 역할을 한다고 마르크스는 설명했습니다.

자본은 스스로 증식하려 한다

마르크스는 자본의 운동 원리를 '화폐-상품-더 많은 화폐(M-C-M')'라는 공식으로 설명했습니다. 자본가는 먼저 '화폐(M)'를 가지고 '원료와 노동력이라는 상품(C)'을 사들입니다. 그런 다음 이를 이용해 새로운 상품을 생산하고 판매해서 처음보다 '더 많은 화폐(M')'를 얻습니다. 여기서 중요한 점은, M'이 반드시 M보다 커야 한다는 것입니다.

자본가는 단순히 교환을 통해 물건을 사고파는 데 목적이 있는 것이 아닙니다. 그의 목표는 언제나 더 많은 화폐, 곧 이윤을 얻는 것입니다. 상품은 원래 사람들이 쓰고 누리는 데 가치가 있습니다. 이것을 사용가치라고 하지요. 그런데 자본가에게 중요한 것은 그 사용가치 자체가 아닙니다. 자본가에게 상품은 단지 돈을 벌기 위한 수단, 즉 이윤을 만들어내는 도구일 뿐입니다.

마르크스는 이런 자본의 성격을 마치 살아 움직이는 생명체에 비유했습니다. 자본은 가만히 있지 않고, 계속해서 스스로를 키우려 합니다. 더 많은 돈을 벌기 위해 끊임없이 움직이는 것이죠. 이 과정에서 노동자는 자본이 커지도록 돕는 톱니바퀴처럼 끼워지고, 결국 자본은 사회 전체를 자기 성장의 무대로 만들어 갑니다.

기계가 노동자를 대체한다

자본가들은 경쟁에서 살아남기 위해 끊임없이 새로운 기계와 신기술을 도입합니다. 기계는 한 사람이 하던 일을 훨씬 빠르고 정밀하게 처리해주기 때문에, 생산성을 크게 높여줍니다. 하지만 동시에 그 기계는 노동자들을 일자리에서 내몰기도 합니다. 같은 상품을 더 적은 노동력으로 생산할 수 있게 되면, 기업은 자연스럽게 노동자 수를 줄이고 비용을 절감하기 때문이죠.

이 과정에서 해고된 노동자들은 곧바로 실업자로 전락합니다. 실업자가 늘어나면 일자리를 가진 노동자들도 불안해집니다. 나도 언제든 대체될 수 있다는 두려움이 퍼지면, 임금 인상 요구나 노동조건 개선 요구는 약해지고, 오히려 임금은 더 낮아지기 쉽습니다. 이런 구조는 자본가에게는 유리하지만, 노동자에게는 불리합니다.

마르크스는 이처럼 자본주의가 끊임없이 만들어내는 실업자 집단을 '산업예비군'이라고 불렀습니다. 겉으로 보기에 산업예비군은 언제든 고용될 수 있는 대기 인력처럼 보입니다. 그러나 실제로는 자본주의 구조 속에서 강제로 만들어진 희생자들입니다. 자본주의는 끊임없이 기계를 도입하여 생산성을 높이고, 그 과정에서 일부 노동자를 실업자로 만들며, 이들을 다시 필요할 때 값싼 노동력으로 활용하는 순환을 반복합니다.

그래서 마르크스는 기계화를 단순히 기술이 발전하고 세상이 좋아지는 과정으로만 보지 않았습니다. 그는 기계가 노동자의 자리를 빼앗아 삶을 불안정하게 만들고, 결국 자본주의사회의 불평등을 더 크게 만드는 수단이 된다고 비판했습니다.

이윤율은 점점 떨어진다

이윤율은 자본가가 투자한 총자본 대비 얼마나 많은 이윤을 벌었는지를 보는 비율, 즉 자본의 수익률입니다. 마르크스는 자본주의에서는 시간이 지날수록 이윤율이 점점 낮아지는 경향이 있다고 보았습니다. 자본가들은 경쟁에서 이기기 위해 끊임없이 기계와 신기술에 투자합니다. 이렇게 되면 기계·원료 등 생산수단에 투입되는 불변자본(不變資本, 기계, 건물, 원료처럼 생산에 쓰이지만 새로운 가치를 만들지 않고, 그 값어치가 그대로 생산되는 상품 속으로 옮겨갈 뿐인 자본)의 비중은 점점 커지고, 노동력에 지출되는 가변자본(可變資本, 노동자 임금. 새로운 가치를 만들어내고 잉여가치를 낳는 자본)의 비중은 줄어듭니다. 문제는 이윤의 원천이 오직 노동자들의 잉여가치라는 데 있습니다. 노동자의 비중이 상대적으로 줄어들수록, 장기적으로는 자본 전체에서 차지하는 잉여가치의 몫이 줄어들어 이윤율은 점점 하락할 수밖에 없습니다.

그러나 마르크스는 이윤율 저하가 절대적·일방적으로 진행된다고 보지 않았습니다. 그는 여러 가지 반대 요인을 제시했습니다. 예를 들어 새로운 기술이 생산비를 낮추면 상품 가격이 떨어져도 더 많은 수요가 생겨 이윤율 하락이 상쇄될 수 있습니다. 자본가가 노동강도를 높이거나 노동시간을 늘려 착취율을 강화할 수도 있습니다. 또한 해외 시장으로 진출하여 값싼 원료와 노동력을 조달하고 새로운 소비자를 확보하면 여전히 높은 잉여가치를 뽑아낼 수 있습니다.

즉, 이윤율 저하 경향은 자본주의가 안고 있는 장기적 추세이지만, 실제 역사에서는 그와 반대로 이윤율이 한동안 유지되거나 오히려 올라가는 경우도 있었습니다. 왜냐하면 자본주의 안에는 이런 추세를 막거나 늦추는 여러 요인들이 함께 작동하기 때문입니다. 그래서 그는 이를 단순한 법칙이 아니라 '경향적 법칙'이라고 불렀습니다. 자본주의는 곧장 무너지는 체제가 아니라, 내부에서 모순과 조정이 계속 부딪히며 움직이는 체제라는 뜻이었습니다.

공황은 과잉생산 때문이다

자본주의사회는 주기적으로 경제공황을 겪습니다. 마르크스는 이러한 위기를 단순한 우연이나 외부 충격이 아니라, 자본주의 자체가 지닌 구조적 모순에서 비롯된 과잉생산의 공황이라고 보았습니다.

자본가들은 이윤을 얻기 위해 끊임없이 생산을 확대하면서 노동자들의 임금은 가능한 한 억제하려 합니다. 임금은 자본가에게는 비용이기 때문입니다. 문제는 이렇게 되면 시장에서 물건은 넘쳐나는데 정작 그것을 살 사람들의 구매력은 부족해진다는 것입니다. 결국 상품이 팔리지 않고 창고에 쌓이며, 기업은 줄줄이 도산하고, 대량 해고와 실업이 뒤따르며 경제공황이 발생합니다.

마르크스는 이를 단순히 물건이 많아져서 생긴 우연한 사고로 보지 않았습니다. 그는 이것이 자본주의 구조 속에서 반복적으로 나타날 수밖에 없는 필연적인 결과라고 설명했습니다.

자본주의의 생산은 많은 노동자들이 협력해 거대한 규모로 이뤄지기 때문에 본질적으로 사회적인 성격을 가집니다. 하지만 이렇게 만들어진 성과와 이익은 모두 사적 소유로 귀속되어, 극소수 자본가에게 집중됩니다. 생산은 사회적이지만, 소유는 개인적이라는 모순이 자본주의 위기의 뿌리라는 것이지요.

그래서 과잉생산의 공황은 기술 발전이나 시장 실패 같은 단편

적인 현상이 아니라, 자본주의라는 체제가 가진 내적 모순이 폭
발하는 장면이라 할 수 있습니다. 마르크스는 바로 이 점에서 공
황을 자본주의가 스스로 만들어내는 자기 파괴의 순간으로 이
해했습니다.

노동시간 연장과 노동착취

마르크스는 자본주의 착취의 핵심을 노동시간의 길이에서 찾
았습니다.

노동자는 하루 노동을 통해 자신의 생활을 유지하는 데 필요
한 임금을 벌어들이지만, 실제로는 그것을 넘어서는 시간을 자
본가를 위해 무상으로 일합니다. 이것이 바로 잉여노동시간이
며, 자본가의 이윤은 여기서 생깁니다.

자본가는 더 많은 잉여노동을 확보하기 위해 끊임없이 노동시
간을 연장하려 합니다. 산업혁명 초기 영국에서 아동과 여성에게
하루 14~16시간의 장시간 노동을 강요했던 사례가 대표적입니
다. 그러나 노동자들은 인간다운 삶과 건강을 위해 노동시간 단
축을 요구하며 저항했습니다. 이 투쟁 속에서 10시간 노동법 같
은 제도적 개선이 이뤄지기도 했습니다. 마르크스는 이 과정을
단순한 법이나 제도의 문제가 아니라, 자본과 노동 사이의 본질
적 투쟁으로 보았습니다. 자본은 끊임없이 노동을 최대한 짜내려

하고, 노동자는 최소한의 인간적 조건을 지키려 합니다. 따라서 노동시간의 길이를 둘러싼 다툼은 자본주의 착취 구조의 뼈대를 보여주는 사례이며, 자본주의가 본질적으로 갈등과 대립 위에 세워져 있음을 드러내는 것이라고 마르크스는 강조했습니다.

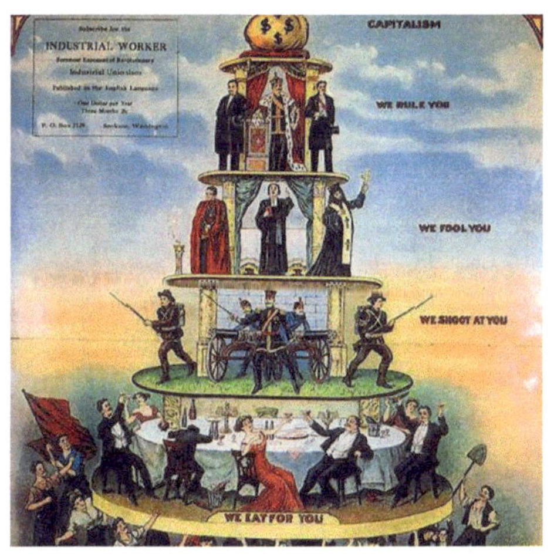

노동자들은 아래층에서 고통받고 자본가는 위에서 통제하는
자본주의 구조 풍자 그림.

절대적 잉여가치와 상대적 잉여가치

마르크스는 자본가가 노동자를 착취하는 방식을 크게 절대적 잉여가치와 상대적 잉여가치로 구분했습니다. 절대적 잉여가치는 노동시간을 늘려서 얻어집니다. 예를 들어 노동자가 하루 8시간 일해야 자신의 생계를 유지할 수 있는데, 자본가가 하루 노동

시간을 12시간으로 연장하면, 나머지 4시간은 자본가를 위해 무상으로 일하게 됩니다. 산업혁명 초기의 장시간 노동과 아동 노동이 그 대표적인 사례입니다. 그러나 노동자들의 저항과 노동법 제정으로 노동시간 연장에는 일정한 한계가 생겼습니다.

그러자 자본가들은 다른 방식으로 잉여가치를 늘리려 했습니다. 그것이 바로 상대적 잉여가치입니다. 노동시간을 늘리지 않고, 생산성을 향상해 필요노동시간을 줄이는 방식입니다. 기계 도입이나 기술혁신으로 동일한 상품을 더 짧은 시간 안에 만들 수 있게 되면, 노동자가 자신의 임금을 충당하는 데 필요한 시간이 줄어듭니다. 남은 시간은 고스란히 잉여노동시간으로 전환되어 자본가의 이윤이 됩니다.

마르크스는 이 두 방식이 자본주의 발전 과정에서 모두 중요한 역할을 했다고 분석했습니다. 초기 자본주의는 주로 절대적 잉여가치 확대를 통해 성장했지만, 산업이 발달하면서 상대적 잉여가치 확대가 중심으로 자리 잡았습니다.

부의 집중과 계급 대립 격화

마르크스는 자본주의 발전이 필연적으로 부의 집중을 낳는다고 분석했습니다. 자본가는 이윤을 얻으면 그것을 다시 투자해 더 큰 자본을 형성합니다. 이렇게 개별 자본이 점점 커지는 과정을 집적(集積, Concentration)이라고 불렀습니다. 동시에 치열한 경쟁 속에서 약한 자본가는 도태되고, 강한 자본가는 그들을 흡수하며 규모를 키웁니다. 이것을 집중(集中, Centralization)이라 했습니다. 집적과 집중이 반복되면 자본은 점점 소수에게만 집중되고, 경제 권력은 몇몇 거대 자본가나 기업이 독점하게 됩니다.

반대로 다수의 노동자는 점점 더 빈곤해지고 불안정한 처지에 놓입니다. 자본이 커질수록 노동자들은 거대한 기계와 조직의 한 부분으로 편입되어 더욱 통제받으며 일자리를 잃거나 임금이 억제되기 쉽습니다. 그 결과 사회 전체는 소수의 부르주아지와 다수의 프롤레타리아라는 양극 구조로 재편됩니다.

마르크스는 이러한 과정이 단순한 경제 현상이 아니라 계급 대립의 격화로 이어진다고 보았습니다. 자본가와 노동자 사이의 이해관계는 근본적으로 대립하기 때문에, 부의 집중이 심화될수록 갈등은 더 선명해지고, 결국 사회적·정치적 충돌로 발전할 수밖에 없습니다. 따라서 부의 집중은 자본주의 발전의 결과이자 동시에 자본주의 붕괴를 예고하는 신호라고 마르크스는 분석했습니다.

노동의 가치와 자본의 비밀

우리가 볼 수 있는
모든 상품의 가치는
노동에서 나오지!
노동이 없다면 어떤 물건도
존재할 수가 없어.

상품을 만드는 노동자도
노동력이라는 또 다른 상품을
자본가에게 판매하지,
너도 방학동안 네 노동력을
사장님에게 판매한 거고 말이야!
35세
경력 있음
자격증 보유
52세
경력 베테랑
높은 보수 원함
20세
경력 없음
열심히 할게요

노동자의 임금은 항상 불안정해!
시장 상황이 임금을 정하기 때문이지.
만약 너 말고도 지원자가 많으면
일당을 줄여 버린다구!
뭐?
얼마를 원한다고?
너 아니어도 낮은
일당으로 일할 사람
많아!
20세
경력 없음
열심히 할게요

노동자들은
하루치 일당의 가치보다 더 일해!
그 초과분이 자본가의 이윤!
'잉여가치'라는 것이지.
상품 가격은
비싸게 받고,
월급은 덜 주고!
노동의 가치
노동자의 임금
자본가의 잉여가치

사장실
자본가는 잉여가치를 축적해
자본을 쌓고, 이 자본으로
기계를 도입하면서
이윤을 극대화하려 하지!
T-8

문제는, 기계의 도입으로
밀려나는 노동자들은
상품을 소비하기도 하는
대다수의 시민이라는 것이지.

불안정한 임금에 시달리고
기계에 밀려나버린 노동자들이
상품들을 살 수 있겠어?
결국은 모두가 고통받게 된다구.
기계는 돌아가는데
사람들은 사질 않으니
재고가 쌓이잖아!?

결국 자본주의는
잉여가치 축적→기계투자→위기
라는 악순환을
되풀이할 수밖에 없는
모순적인 구조라는 거야.
자본
노동

그러니까 네 말은
내가 내 노동의 가치만큼
행복을 느끼지 못하는 이유가
이 경제의 구조적 모순
때문이라는 거구나?

바로 그렇지!
이 구조적 모순과
불평등의 이유를 알아야
악순환의 고리를 끊고
더 나은 사회로 갈 수 있단 거야!

자본주의는
정말 망할 운명인가?

마르크스 Karl Marx 1818~1883
스미스 Adam Smith 1723~1790
슘페터 Joseph A. Schumpeter 1883~1950

자본주의의 미래에 대한 희망과 불안이 교차하는 시대, 더 나은 경제 시스템을 꿈꾸는 분들을 모시고 인류 역사의 쟁쟁한 지성들과 함께 토론하고 지혜를 나누는 '지혜의 광장'에 오신 것을 환영합니다. 저는 진행자 아고라입니다. 오늘 우리는 자본주의 시스템에 대한 가장 근본적인 사망 선고를 내렸던 카를 마르크스의 『자본론』을 중심으로, '자본주의는 정말 망할 운명인가?'라는 도발적인 질문을 놓고 토론해보고자 합니다.

먼저 오늘 마르크스 선생님의 강력한 주장에 맞서 자본주의를 변호하고, 또 다른 미래를 제시할 두 분의 토론자를 소개해드리겠습니다.

스미스 선생님은 영국의 철학자이자 경제학자로, 『국부론』에서 자유시장경제의 큰 그림을 제시했습니다. 그는 사람들이 자기이익을 위해 행동하더라도, 마치 '보이지 않는 손'이 작동하듯 결과적으로 사회 전체가 이익을 얻게 된다고 설명했습니다. 그렇게 시장을 스스로 균형을 이루는 완전한 질서로 보았고, 자본주의를 인간 본성에 가장 잘 맞는 제도이자 끝없는 번영으로 이어지는 길로 여겼습니다.

슘페터 선생님은 오스트리아 출신의 경제학자로, 자본주의를 가만히 멈춰 있는 체제가 아니라 끊임없이 흔들리고 변화하는 과정으로 보았습니다. 그는 기업가가 낡은 것을 무너뜨리고 새로운 것을 만들어내는 혁신이 자본주의의 핵심 동력이라고 강조했습니다. 이런 창조적 파괴 덕분에 자본주의는 위기를 극복하고, 스스로 계속 새롭게 태어난다고 설명했습니다.

자본주의에 대한 평가와 전망이 다른 세 분의 토론을 통해 우리가 살고 있는 자본주의 사회를 좀더 입체적으로 진단하고 평가할 수 있을 것 같습니다. 그럼 본격적으로 토론에 들어가 볼까요?

1. 노동의 가치와 임금

아고라: 우리는 매일 아침 출근해 정해진 시간 동안 몸과 마음을 다해 일하고, 그 대가로 월급을 받습니다. 이 과정은 너무나 익숙해 마치 공기를 마시는 것처럼 자연스럽게 느껴집니다. 하지만 동시에 이런 의문이 생깁니다.

"왜 이렇게 열심히 일해도 내 삶은 좀처럼 나아지지 않을까?"

"내 월급은 왜 카드값과 월세를 내고 나면 금세 사라져버릴까?"

이런 보편적인 의문을 따라가다 보면, 우리는 더 근본적인 질문과 맞닥뜨리게 됩니다. 내가 받는 월급은 과연 내 노동의 가치를 제대로 반영하고 있는 걸까요? 애초에 그 가치라는 것은 무엇이며, 또 누가 어떤 방식으로 그것을 정하는 것일까요?

마르크스: 노동의 가치는 바로 노동자들의 땀과 시간에서 비롯됩니다. 그러나 자본가는 그 땀의 전부를 임금으로 돌려주지 않지요. 노동자가 하루 8시간 일한다고 가정해봅시다. 자기 가족을 먹여 살리는 데 필요한 건 4시간 노동의 가치뿐입니다.

그런데 나머지 4시간 동안 노동자가 창출한 가치는 어디로 갈까요? 바로 자본가의 주머니로 들어갑니다. 이것이 잉여가치, 곧 이윤의 비밀입니다. 노동자가 늘 월급이 빠듯하다고 느끼는 건 착 각이 아니라 현실입니다. 애초에 임금은 노동의 전부가 아니라 절 반, 아니 그 이하의 값어치일 뿐이니까요.

스미스: 잠시만요, 마르크스 선생님. 그렇게 비관 적으로만 보실 필요는 없습니다. 물론 노동이 모 든 가치의 근원이라는 점에는 동의합니다. 하지만 자유로운 경쟁이 제대로 이루어진다면 임금은 자 연스럽게 균형을 찾습니다. 노동력이 귀하면 임금은 오르고, 일 자리를 원하는 사람이 많으면 임금은 내려가게 마련이지요. 사람 들은 언제나 임금이 부족하다고 느낄 수 있지만, 장기적으로는 시장의 보이지 않는 손이 이런 균형을 맞춥니다. 문제의 핵심은 자본가 개인의 탐욕이라기보다, 시장의 흐름을 왜곡시키는 독점, 특권, 불공정한 제도 아닐까요? 저는 바로 그 부분이 더 중요하 다고 생각합니다.

슘페터: 두 분 모두 흥미로운 말씀입니다. 하지만 저는 임금을 단 순히 착취냐, 균형이냐로만 설명할 수 없다고 봅니다. 임금은 무 엇보다 혁신과 생산성에 달려 있습니다. 증기기관이 도입됐을 때

를 떠올려보세요. 많은 노동자들이 일자리를
잃을까 두려워했지만, 시간이 지나면서 생산성
이 크게 높아지고 새로운 산업과 일자리가 생 
겼습니다. 그 결과 임금 수준도 점차 나아졌지
요. 임금은 고정된 게 아니라, 상황에 따라 끊임없이 오르내리는
파도와 같습니다. 자본주의는 분명 위기와 불만을 만들어내지
만, 동시에 생활수준을 높이는 힘도 가지고 있습니다.

마르크스: 기술이 발전하면 임금이 오른다고요? 제 눈에는 정반
대로 보입니다. 기계는 노동자를 해방시키지 않고, 오히려 기계
의 노예로 만들 뿐이었습니다. 생산성이 아무리 올라가도 임금은
억눌리고, 잉여가치만 자본가의 이윤으로 흘러갔습니다. 스미스
선생님, 시장이 조정한다고요? 저는 그 보이지 않는 손을 이렇게
부르고 싶습니다. 바로 보이지 않는 착취의 손이라고 말이지요.

스미스: 마르크스 선생님 말씀은 언제나 불같습니다. (웃음) 그러
나 현실은 그렇게 단순하지 않습니다. 노동자들은 역사적으로
더 나은 삶을 요구했고, 정치와 제도는 그 목소리를 반영해왔습
니다. 노동시간 단축, 최저임금, 노동조합 같은 제도가 생기면서
시장도 함께 변해왔지요. 그래서 자본가와 노동자는 단순히 적

대하는 관계가 아니라, 갈등 속에서도 서로 의지하는 협력적 파트너라고 할 수 있습니다. 임금은 단순히 착취의 결과가 아니라, 사회적 합의와 제도가 만들어낸 사회적 계약의 산물입니다.

슘페터: 두 분 다 절반씩은 옳은 말씀을 하셨습니다. 임금이 언제나 부족해 보이는 것은 사실입니다. 하지만 그 이유는 자본주의가 가만히 멈춰 있는 체제가 아니라 끊임없이 변화하는 체제이기 때문입니다. 바로 그 불만과 불평이 기업가들을 자극하고, 더 나은 기술과 혁신을 만들어내며, 결국 임금과 생활수준을 끌어올리는 힘이 됩니다.

자본주의는 마치 불만을 먹고 성장하는 괴물과도 같습니다. 사람들의 불평이 사라지면 혁신도 멈추고, 성장은 정체됩니다. 그러나 불만이 계속되는 한, 자본주의는 스스로를 부수고 다시 만들어내며 앞으로 나아갑니다. 이것이 제가 말하는 창조적 파괴의 힘입니다.

2. 자본축적과 부의 분배

아고라: 처음부터 토론의 열기가 뜨겁습니다. 이번에는 주제를 자본으로 옮겨보겠습니다. 오늘을 사는 우리는 커다란 역설 앞

에 서 있습니다. 인류의 기술은 눈부시게 발전해, 이제는 과거의 왕족조차 누리지 못했던 풍요를 만들어냈습니다. 그러나 동시에 부익부 빈익빈이라는 말처럼 부와 돈이 점점 더 소수에게 집중된다는 불안감도 커지고 있습니다.

과연 자본주의가 발전하면 그 열매는 정말 모든 사람에게 골고루 돌아갈까요? 아니면 이 시스템은 본래부터 승자와 패자를 나누고, 격차를 더 크게 벌리도록 짜여 있는 걸까요? 성장과 분배, 이 오래된 딜레마의 본질은 무엇일까요?

마르크스: 자본축적은 단순히 부가 늘어나는 과정이 아닙니다. 그것은 본질적으로 경쟁과 독점, 그리고 집중의 과정입니다. 자본은 마치 눈덩이와 같습니다. 처음에는 작게 시작하지만, 굴러갈수록 더 많은 눈을 빨아들이며 커지고, 결국에는 주변의 작은 눈뭉치들까지 다 집어삼키지요.

자본가는 노동자에게서 얻은 이윤을 사치하며 쓰지 않고, 경쟁에서 이기기 위해 더 큰 공장과 더 효율적인 기계에 다시 투자합니다. 그래서 자본이 큰 자본가는 더 싸게 물건을 만들어 시장을 장악하고, 자본이 작은 경쟁자들은 하나둘 무너집니다.

그 결과 사회의 부와 생산수단은 소수의 거대 자본가에게 집중되고, 노동자와 몰락한 소자본가들은 점점 더 가난하고 불안정한 처지에 놓입니다. 자본주의가 발전하면 모두가 함께 잘살게 된다는 말은 착각일 뿐입니다. 현실에서 축적은 언제나 격차의 확대로 이어져왔습니다.

스미스: 마르크스 선생님 말씀은 지나치게 비관적이군요. 저는 오히려 경쟁이야말로 부를 확산시키는 가장 강력한 장치라고 생각합니다. 자본가가 부를 축적하려면 가만히 앉아 있는 것이 아니라, 더 많은 상품을 더 싸게, 그리고 더 좋은 품질로 만들어야만 합니다. 그렇게 해야만 시장에서 살아남을 수 있지요.

그 결과 소비자는 더 낮은 가격과 더 나은 품질의 혜택을 누리게 됩니다. 생산이 확대되면 노동자들에게도 새로운 일자리와 기회가 열립니다. 물론 이 과정에서 불평등이 완전히 사라질 수는 없습니다. 하지만 자유로운 시장 경쟁과 공정한 제도가 뒷받침된다면, 자본축적은 단순히 소수의 이익이 아니라 사회 전체의 부를 키우는 엔진이 될 수 있습니다.

자본주의는 결코 완벽하지 않지만, 제대로 작동하는 경쟁체제 속에서는 성장의 과실이 점점 더 널리 퍼져나가는 힘을 가지고 있다고 저는 믿습니다.

슘페터: 두 분의 논쟁이 참 흥미롭습니다. 제 생각은 이렇습니다.

자본축적이 불평등을 심화시키는 것은 부정할 수 없는 사실입니다. 하지만 동시에 그 과정은 새로운 혁신의 발판을 마련합니다. 바로 그 혁신이 다시 경제를 성장시키는 원동력이 되는 것이지요.

생각해 보십시오. 탐욕스럽다고 비난받는 자본가들이 아니었다면, 오늘날 우리가 당연하게 쓰는 증기기관, 전기, 인터넷, 인공지능 같은 기술이 세상에 등장할 수 있었을까요? 자본축적은 낡은 것을 부수고 새로운 것을 만드는 창조적 파괴를 가능하게 합니다.

그래서 저는 자본축적을 양날의 검이라고 부릅니다. 한쪽 날은 불평등과 불안을 키우지만, 다른 한쪽 날은 혁신과 번영을 가져옵니다. 위험하지만 바로 그 역동성이야말로 자본주의가 끊임없이 위기를 넘어 다시 살아나는 힘이라고 생각합니다.

마르크스: 양날의 검이라 하셨죠? 하지만 그 칼날은 언제나 노동자를 더 깊게 베어 왔습니다. 혁신은 일자리를 만들기도 하지만, 동시에 노동자를 기계에 종속시키고 임금을 억누릅니다. 사회 전체의 부가 커진다는 스미스 선생님의 말씀은 듣기에는 그럴듯합니다. 그러나 실제 역사를 보면 소수의 자본가가 부를 쌓을수록 노동자들의 주머니는 점점 더 가벼워졌습니다. 자본축적은 곧 집중과 독점, 그리고 계급 격차의 심화로 이어져왔을 뿐입니다.

스미스: 마르크스 선생님, 만약 노동자들이 말씀하신 것처럼 오직 빈곤 속에만 머물러 있었다면, 오늘날 우리가 누리는 시민계급의 성장이나 민주주의 발전은 애초에 불가능했을 것입니다. 자본축적이 불평등을 낳은 것은 사실입니다. 그러나 동시에 그것은 더 넓은 계층에게 소비와 교육, 그리고 사회적 참여의 기회를 열어주었습니다.

과거의 농노나 봉건사회의 피지배 계급을 떠올려보십시오. 그들은 땅에 묶여 살았고, 정치적 권리도 거의 없었으며, 교육은 꿈도 꾸기 어려웠습니다. 그러나 자본주의사회의 노동자는 최소한 자유롭게 직업을 선택할 수 있고, 임금을 통해 시장에서 소비를 하며, 교육을 받고 정치에 참여할 수 있습니다.

저는 이것이 단순한 양적 차이가 아니라 질적인 변화라고 생각합니다. 물론 여전히 문제와 불평등은 존재하지만, 인류는 점차 더 큰 자유와 풍요, 그리고 진보의 길을 걸어가고 있습니다.

아고라: 자본축적이란 게 단순히 돈이 쌓이는 것이 아니라, 사회 전체의 희비를 가르는 힘이군요. 과연 자본은 번영의 엔진일까요, 불평등의 덫일까요? 토론을 하면서 결론으로 가는 것이 아니라 더욱더 질문이 많아지는 것 같습니다.

3. 기술 발전의 빛과 그림자

아고라: 인공지능, 로봇, 자동화 시스템 같은 새로운 기계와 기술은 우리 삶의 질을 높여줍니다. 하지만 동시에 이런 질문도 따라옵니다.

"언젠가 내 일자리가 기계에 의해 사라지지는 않을까?"

"기술 발전이 결국 인간을 소외시키고 불평등을 심화시키는 것은 아닐까?"

과연 기술의 발전은 인류의 삶을 더 나아지게 만드는 축복일까요, 아니면 우리를 끝없는 불안과 경쟁으로 몰아넣는 저주일까요?

스미스: 제가 먼저 말씀드리겠습니다. 저는 기계와 기술의 발전을 낙관적으로 봅니다. 분업과 기계화는 생산성을 크게 높여 더 많은 상품을 더 싼 가격에 공급할 수 있게 만듭니다. 노동자는 한 가지 일을 반복하며 점점 더 숙련되고, 그 결과 사회 전체가 풍요로워집니다.

물론 단기적으로는 일부 노동자들이 일자리를 잃을 수도 있습니다. 그러나 역사를 보면 새로운 기술은 언제나 새로운 산업과 일자리를 만들어왔습니다. 증기기관이 그렇고, 전기가 그렇고,

오늘날의 디지털 기술과 인공지능도 마찬가지입니다.

기계와 기술은 단순히 불안과 위협의 원인이 아니라, 인류가 더 나은 삶을 향해 나아가게 하는 번영의 열쇠라고 저는 믿습니다.

마르크스: 스미스 선생님, 그 말씀은 자본가의 시선 아닙니까? 기계는 노동자의 삶을 편하게 만들기보다, 자본가에게 더 많은 이윤을 안겨주려는 도구였습니다. 제가 살았던 19세기 산업혁명기에는 증기기관이든 자동화 기계든, 도입될 때마다 노동자는 대량 해고의 불안에 시달렸습니다. 이런 현상은 오늘날에도 마찬가지입니다. AI, 로봇, 빅데이터 같은 기술 혁신도 한편으로는 인류의 편의를 높이고 새로운 산업을 창출하지만, 동시에 노동자들에게는 고용 불안이라는 그림자를 드리우고 있다. 인공지능의 등장은 수많은 일자리를 대체할 수 있다는 우려를 낳고 있으며, 플랫폼 경제는 노동자들을 더 유연하지만 불안정한 고용 구조 속으로 밀어 넣고 있습니다.

자본가가 원하는 건 노동을 해방하는 게 아니라, 더 싸게 대체하는 것입니다. 기술은 진보처럼 보이지만, 실제로는 노동자를 더 불안정하게 묶어두는 사슬이었습니다.

슘페터: 기술혁신은 창조적 파괴입니다. 어떤 일자리를 없애지만,

동시에 전혀 새로운 기회를 만듭니다. 마차 산업은 자동차에 무너졌지만, 그 대신 자동차 공장과 정비소, 도로 산업이 탄생했지요. 노동자는 고통을 겪기도 하지만, 사회 전체로는 앞으로 나아갑니다. 기계와 기술은 위기와 희망을 동시에 품은 자본주의의 심장 박동 같은 존재입니다.

다시 말하자면 기계가 일자리를 없애는 순간 이미 다른 곳에서 새로운 기회가 움트고 있습니다. 물론 그 전환 과정은 고통스럽습니다. 하지만 바로 그 고통이 혁신을 밀어붙이는 힘이 되지요. 기계와 기술의 혁신은 단순히 일자리를 빼앗는 것이 아니라, 인류가 새로운 국면으로 건너가게 하는 다리입니다.

스미스: 저도 슘페터 선생님의 말에 동의합니다. 노동자는 기계에 밀려 잠시 힘들 수 있지만, 상품이 더 많이 생산되면 사회 전체의 부가 늘어나고, 결국 더 많은 사람에게 기회가 돌아옵니다. 중요한 건 기술 자체가 아니라 그 성과를 공정하게 분배하는 제도를 마련하는 것입니다. 기계는 중립적이지만, 우리가 어떻게 활용하느냐에 따라 결과가 달라질 수 있습니다.

마르크스: 두 분 다 기계의 장밋빛 약속을 너무 쉽게 믿고 계십니다. 저는 현실의 노동자를 봅니다. 기계가 생산성을 높였지만, 임

금은 늘 억눌렸고 불안정은 심화되었습니다. 새로운 기회가 생긴다지만, 그 기회마저 결국은 자본의 손아귀에 들어갑니다. 기계는 해방의 도구가 아니라 착취를 더 정교하고 은밀하게 만드는 장치일 뿐입니다.

아고라: 세 분의 말씀을 종합해보면 기계와 기술은 애초에 선하거나 악한 것이 아닌 듯합니다. 그것은 마치 강력한 힘을 지닌 마법의 거울과도 같아서, 이 거울이 누구의 손에 쥐어지고 어떤 목적에 쓰이느냐에 따라 인류에게 풍요로운 미래를 비추는 희망의 거울이 될 수도 있고, 우리의 일자리를 빼앗고 서로를 감시하게 만드는 절망의 거울이 될 수도 있겠네요.

4. 이윤과 이윤율

아고라: 이번 주제는 이윤입니다. 기업은 왜 그렇게도 멈추지 않고 이윤을 추구할까요? 한 해 수조 원의 이익을 내고도, 다음 해에는 더 큰 목표를 향해 달려가는 이 끝없는 욕망은 어디에서 비롯된 것일까요?

이 이윤 추구는 우리 사회를 더 풍요롭게 만드는 건강한 동력일까요, 아니면 불평등과 착취를 낳는 파괴적 탐욕일까요? 더 나아가 자본주의가 발전하고 경쟁이 치열해질수록 이 이윤이라는 샘물은 언젠가 고갈될 운명일까요? 아니면 자본주의는 끊임없이 새로운 방식을 찾아내며 스스로를 되살리는 불사조 같은 체제일까요?

슘페터: 기업이 이윤을 추구하는 것은 단순한 욕심 때문이 아닙니다. 저는 이윤을 혁신의 보상이라고 부릅니다. 기업이 새로운 기술을 도입하거나 새로운 시장을 개척하면, 잠시 경쟁자를 앞서면서 독점적 지위를 누리고 많은 이윤을 얻습니다. 하지만 곧 다른 경쟁자들이 뒤따라오고, 그 이윤은 빠르게 줄어듭니다.

그래서 기업은 멈출 수 없습니다. 끊임없이 또 다른 혁신을 찾아 나서야만 살아남을 수 있습니다. 이윤은 마치 불꽃과 같습니다. 한순간 강렬하게 타오르지만, 곧 사그라듭니다. 그러나 그 불꽃은 새로운 불씨를 남겨 다음 불길로 이어지지요.

자본주의가 살아 움직이는 원동력은 바로 이 끝없는 창조와 소멸의 순환, 바로 창조적 파괴의 과정입니다. 이윤은 탐욕의 산물이 아니라, 혁신과 진보를 자극하는 불꽃 그 자체입니다.

마르크스: 슘페터 선생님, 불꽃이라니요. 시적인 비유로 자본가의 탐욕을 미화하시는군요. 현실은 훨씬 냉혹합니다. 자본가가

얻는 이윤은 하늘에서 떨어진 선물이 아니라, 오직 노동자가 만들어낸 잉여가치에서 비롯됩니다. 노동자는 자신의 생활을 겨우 유지할 만큼의 임금만 받고, 그 이상으로 창출된 가치는 자본가의 주머니로 들어갑니다.

더 큰 문제는 자본주의가 발전할수록 이윤율이 장기적으로 하락한다는 사실입니다. 기계와 설비에 대한 투자는 끝없이 늘어나지만, 새로운 가치를 만들어내는 노동력의 비중은 줄어듭니다. 그러면 자본가는 필사적으로 노동시간을 늘리고, 임금을 깎고, 해외 시장과 식민지를 개척하며 이윤을 유지하려 발버둥 칩니다.

이윤은 결코 혁신의 보상이 아닙니다. 그것은 노동자의 피와 땀을 착취한 결과이며, 동시에 자본주의가 자기의 무덤을 파는 과정일 뿐입니다. 이윤을 향한 끝없는 탐욕은 결국 자본주의를 붕괴로 몰아가는 자기 파괴의 동력에 지나지 않습니다.

스미스: 두 분 말씀을 들으니 무척 흥미롭습니다. 하지만 저는 이윤을 단순히 탐욕이나 위기의 씨앗으로만 보지 않습니다. 자본가가 자신의 자본을 투자하고 위험을 감수하는 만큼, 이윤은 그에 대한 정당한 보상이라고 생각합니다.

물론 경쟁이 치열해질수록 이윤율은 낮아집니다. 그러나 이것은 사회 전체로 보았을 때 오히려 바람직한 일입니다. 경쟁이 이윤을 줄이는 만큼 상품 가격은 내려가고, 소비자는 더 큰 혜택을 누릴 수 있습니다. 이윤율이 하락한다는 것은 자본주의가 쇠퇴한다는 신호가 아니라, 시장이 성숙하고 사회 전체의 부가 더 널리 퍼지고 있다는 증거입니다.

그래서 저는 이윤 추구가 단순히 불평등을 키우는 탐욕이 아니라, 장기적으로는 사회의 번영을 확산시키는 중요한 동력이라고 봅니다.

마르크스: 스미스 선생님의 말씀은 듣기에는 아름답지만, 현실은 훨씬 덜 낭만적입니다. 자본가들은 결코 순순히 이윤을 줄이지 않습니다. 오히려 경쟁이 치열해질수록 그 압박은 노동자들에게 전가됩니다. 임금은 더 강하게 억눌리고, 노동 강도는 끝없이 높아지며, 심지어 어린이와 여성까지 값싼 노동력으로 공장에 끌려옵니다.

자본가에게 이윤율 하락은 위기일지 모르지만, 그 위기의 고통은 언제나 노동자가 떠안게 됩니다. 결국 이윤 추구란 위험에 대한 정당한 보상이 아니라, 자본주의 체제가 노동자를 희생시켜 유지하는 체계적 착취의 다른 이름일 뿐입니다.

슘페터: 저 역시 착취의 현실을 부정하지는 않습니다. 하지만 그

것을 자본주의 몰락의 신호로만 보지는 않습니다. 오히려 위기야말로 자본주의를 더욱 역동적으로 만드는 힘입니다. 이윤율이 떨어지면 기업가들은 가만히 앉아 있지 않습니다. 새로운 산업을 개척하고, 새로운 기술을 도입하며, 새로운 시장을 찾아 스스로를 재창조하지요.

위기는 치명적인 병이 아니라, 자본주의가 더 크게 성장하기 위해 겪는 성장통입니다. 자본주의는 위기에 무너지는 것이 아니라, 위기를 먹고 다시 살아나는 괴물 같은 체제입니다.

스미스: 제가 분명히 말씀드리고 싶은 것이 있습니다. 이윤은 단순히 자본가 개인의 몫에 머무르지 않고, 결국 사회 전체에 기여합니다. 물론 그 과정에서 불평등이 나타날 수 있습니다. 그러나 자유로운 경쟁이 제대로 작동한다면, 이윤이 줄어드는 만큼 상품 가격은 내려가고, 소비자와 새로운 세대는 더 큰 혜택을 누리게 됩니다.

기업의 끝없는 이윤 추구는 단기적으로 불평등을 심화시킬 수 있지만, 장기적으로는 사회 전체의 부를 키우고, 더 커진 파이를 모두가 함께 나누는 길을 열어줍니다.

아고라 : 이윤은 착취의 증거인가, 혁신의 보상인가, 아니면 사회

적 풍요의 원천인가. 오늘 세 분의 말씀을 듣고 나니, 기업의 재무제표에 찍힌 차가운 숫자 하나에도 노동자의 고된 땀과 눈물, 위험을 무릅쓴 기업가의 도전, 그리고 세상을 바꾸려는 혁신가의 열정이 함께 깃들어 있다는 것을 새삼 깨닫게 됩니다. 같은 이윤이라도 관점에 따라서 이렇게 다르게 볼 수 있군요.

5. 경제 위기와 공황

아고라: 우리는 역사를 통해, 그리고 우리의 삶을 통해 영원할 것 같던 번영의 시대가 어느 날 갑자기 크게 뒤흔들리며 경제 위기가 찾아오는 것을 보았습니다.

왜 경제는 순항하다가도 이처럼 돌연 폭풍우를 맞는 것일까요? 이것은 단순히 예측 불가능한 외부 충격이 빚어낸 우연한 사고일까요, 아니면 자본주의라는 배 자체에 내재된 피할 수 없는 구조적 결함 때문일까요? 위기는 잠시 스쳐 지나가는 감기와 같은 현상일까요, 아니면 언젠가 체제를 무너뜨릴 치명적인 암세포일까요?

스미스: 경제 위기라… 저는 그것을 자본주의의 치명적 결함으로 보지 않습니다. 오히려 시장이 스스로 균형을 찾아가는 과정에

서 나타나는 일시적 불균형일 뿐입니다. 수요와 공급이 언제나 완벽하게 맞아떨어질 수는 없습니다. 때로는 수요가 지나치게 많아져 물가가 오르고, 때로는 공급이 과잉되어 가격이 폭락하지요. 이런 순간이 혼란과 위기로 보일 수 있습니다. 그러나 장기적으로는 보이지 않는 손이 작동하여 다시 균형을 회복합니다.

농부가 한 해 풍년을 맞아 곡식이 넘치면 가격은 급격히 떨어집니다. 하지만 그로 인해 이듬해에는 농부들이 생산을 줄이고, 곡식 가격은 다시 적정해집니다. 이처럼 위기는 영구적인 붕괴의 신호가 아니라, 시장이 건강하게 호흡하며 조정되는 자연스러운 과정입니다. 자본주의는 외부 충격에 흔들릴 수는 있어도, 본질적으로는 스스로 회복하는 힘을 가진 체제라고 저는 믿습니다.

슘페터: 시장이 균형을 회복하는 힘을 갖고 있다는 스미스 선생님 말씀에 동의하지만, 저는 조금 다르게 보고 싶습니다. 위기는 단순한 불균형의 조정이 아니라, 자본주의가 본래 품고 있는 창조적 파괴의 장면입니다. 새로운 기술과 산업이 등장할 때마다 기존의 산업은 무너져내립니다. 말이 자동차에 자리를 내주었듯이, 필름 카메라는 디지털카메라에, 또 그것은 다시 스마트폰에 밀려났습니다.

이 과정은 겉으로는 불황이나 공황으로 보일 수도 있습니다.

수많은 일자리가 사라지고, 기존 기업이 몰락하며 사회 전체가 흔들리니까요. 그러나 그 속에서 동시에 새로운 기회와 산업, 더 높은 생산성이 탄생합니다. 저는 이 모순된 과정을 자본주의의 가장 역동적인 힘으로 봅니다. 공황은 단순한 재앙이 아니라 새로운 질서가 태어나는 진통이자, 자본주의가 스스로를 끊임없이 재창조하는 방식입니다.

마르크스 : 두 분 다 지나치게 낙관적입니다. 저는 공황은 자본주의의 본질적 모순에서 비롯된 것으로 봅니다. 자본가들은 끝없는 이윤을 좇아 생산을 늘리지만, 동시에 노동자들의 임금을 억누릅니다. 그 결과 시장에는 물건이 넘쳐나지만 정작 살 사람은 부족해집니다. 바로 과잉생산의 공황이지요. 이것은 단순한 사고가 아니라 자본주의가 구조적으로 반복해서 낳는 재앙입니다.

제가 강조하고 싶은 건 공황은 단순한 불균형이나 성장통이 아니라, 자본주의가 스스로 무너지는 순간이라는 점입니다. 생산은 점점 사회적 성격을 띠는데, 소유는 여전히 소수 자본가의 손에 집중되어 있지요. 이 모순이 터질 때마다 노동자는 실업과 빈곤으로 내몰립니다. 공황은 자본주의가 만들어낸 자기 파괴의 메커니즘입니다.

스미스: 마르크스 선생님 말씀의 취지는 이해가 되지만, 현실은 그렇게 단선적이지 않습니다. 물론 위기가 노동자에게 고통을 주는 건 사실이지만, 동시에 제도와 법, 새로운 정책이 등장해 문제를 완화합니다. 자유로운 경쟁이 제 역할을 하도록 하면 시장은 다시 안정을 찾아갑니다. 공황이 영원한 몰락을 의미하지는 않습니다. 저는 자본주의가 스스로 회복 탄력성을 갖고 있다고 믿습니다.

슘페터: 위기는 피할 수 없지만, 그것이 곧 종말을 뜻하지는 않습니다. 공황은 자본주의가 낳는 주기적 파동이며, 그 속에서 새로운 기술, 새로운 기업가, 새로운 산업이 솟아납니다. 물론 노동자에게는 고통이 따르지만, 바로 그 고통이 다음 도약의 동력이 됩니다. 자본주의는 위기에 흔들리면서도 스스로를 새롭게 재생산하는 죽지 않는 괴물입니다.

아고라: 경제 위기나 공황이라는 것이 단순히 주가지수가 폭락하고 실업률이 치솟는 경제 현상만이 아니라, 그 사회가 가진 가장 깊은 모순과 본질을 거울처럼 비추는 순간이라는 생각이 드네요.

6. 자본주의의 미래

아고라: 자, 이제 여섯 번에 걸친 대토론의 마지막 장에 도달했습니다. 마지막 주제는 우리가 처음 만났던 질문이자 우리 모두의 미래가 걸린 가장 근본적인 질문, '자본주의는 정말 망할 운명인가?'입니다. 이 거대한 체제는 앞으로도 위기를 극복하며 계속 살아남을까요? 아니면 스스로의 모순에 의해 언젠가 다른 체제로 바뀌게 될까요?

마르크스: 저는 분명히 말합니다. 자본주의는 영원할 수 없습니다. 그 체제 안에 자리 잡은 모순이 결국 스스로를 붕괴로 몰아가기 때문입니다. 자본이 축적될수록 부는 극소수에게 집중되고, 다수의 노동자는 빈곤과 불안정 속으로 내몰립니다. 그러나 이 불평등은 언젠가 노동자들의 단결을 불러올 것이며, 그 힘은 마침내 자본가 계급을 넘어설 것입니다.

그 순간 생산수단은 소수의 사적 재산이 아니라 사회 전체의 공동소유로 전환될 것입니다. 자본주의가 발전시켜온 거대한 생산력은 사라지지 않습니다. 다만 그것이 더 이상 소수의 이윤을 위해서가 아니라, 모든 사람의 필요를 충족시키는 방향으로 조직될 뿐입니다.

스미스: 단호하시군요. 하지만 자본주의는 시작된 이후로 여러 차례 위기를 겪었어도 여전히 살아남았습니다. 노동자들의 생활 수준도 예전보다 훨씬 나아졌지요. 정말 자본주의가 무너질까요, 아니면 제도적 개선과 시장의 자율 조정으로 계속 이어질까요? 저는 후자라고 봅니다. 자본주의는 유연하고, 인간의 자유와 번영을 지탱하는 튼튼한 뿌리를 가지고 있습니다.

슘페터: 물론 자본주의는 매우 강인한 체제입니다. 단순한 경기 침체나 기술적 위기로는 쉽게 무너지지 않을 것입니다. 그러나 저는 자본주의가 다른 이유로 몰락할 수 있다고 봅니다. 자본주의는 끊임없는 혁신을 통해 스스로를 발전시키지만, 아이러니하게도 바로 그 성공 때문에 정치적·문화적 기반을 잃을 수 있습니다.

기업은 점점 거대해지고, 시장은 소수의 초국적 자본이 지배하게 됩니다. 민주주의가 확대되면서 평등과 복지를 요구하는 목소리는 커지고, 지식인들은 자본주의의 모순을 날카롭게 비판합니다. 이 과정에서 자본주의를 움직여온 개척 정신과 기업가 정신은 점차 약화됩니다. 다시 말해 자본주의는 실패가 아니라 성공 때문에 활력을 잃어가는 체제입니다.

저는 이것이 자본주의의 역설적인 운명이라고 생각합니다. 자본주의는 위기와 충격 속에서도 늘 살아남아 왔지만, 언젠가는 자기 성공이 만들어낸 정치적·문화적 변화에 의해 조용히 무대에서 퇴장할지도 모릅니다. 성취 때문에 사라지는 체제, 이것이 제가 내다보는 자본주의의 미래입니다.

아고라: 정말 타협이 없으시군요. 그렇다면 서로 다른 분의 이야기를 평가하신다면요?

마르크스: 흥미롭습니다, 슘페터 선생님은 자본주의가 스스로 무너진다고 말하지만, 저는 그 무너지는 원인을 계급 모순에서 찾습니다. 단순히 문화나 정치의 문제로 환원할 수 없지요. 노동자와 자본가 사이의 대립은 피할 수 없고, 이 모순이 해결되지 않는 한 자본주의는 결국 역사에서 퇴장할 것입니다.

스미스: 두 분은 자본주의의 종말을 너무 쉽게 단정하시네요. 물론 불평등과 갈등은 존재합니다. 하지만 제도와 법, 그리고 시민사회의 힘이 그것을 조정할 수 있습니다. 자본주의는 완벽하지 않지만, 자유와 번영을 위한 가장 강력한 도구입니다. 저는 자본주의가 계속 변하면서도 오래 살아남을 것이라 확신합니다.

슘페터: 평가보다는 정리를 하겠습니다. 자본주의는 끊임없는 혁

신 덕분에 지금까지 버텨왔습니다. 그러나 그 혁신이 사회를 바꾸고, 결국 자본주의 자체를 약화시키기도 합니다. 미래는 한 가지로 고정되지 않았습니다. 혁명적 전환일 수도 있고, 점진적 쇠퇴일 수도 있으며, 혹은 끝없는 적응일 수도 있습니다. 중요한 건 자본주의가 스스로 영원불변한 체제가 아니라는 사실입니다.

아고라 : 네, 감사합니다. 마지막으로 처음부터 끝까지 일관된 주장을 해오신 오늘의 주인공 마르크스 선생님의 정리 발언을 들어보도록 하겠습니다.

마르크스: 여러분, 오늘 우리는 자본주의에 관해 여러 가지 얘기를 나누었습니다. 스미스 선생님은 시장의 조화와 자유를 강조했고, 슘페터 선생은 혁신과 창조적 파괴의 역동성을 이야기했습니다. 그러나 저는 다시 한번 분명히 말씀드리고 싶습니다.

자본주의는 영원한 체제가 아닙니다.

자본주의는 눈부신 생산력을 발전시켰습니다. 그 어떤 시대보다 많은 재화와 편리함을 인간에게 안겨주었지요. 하지만 그 빛나는 성취 뒤에는 언제나 어두운 그림자가 드리워져 있습니다. 부는 소수에게 집중되고, 다수의 노동자는 여전히 빈곤과 불안정 속에서 살아갑니다. 기계와 기술은 인간을 해방하기보다 노동자를 더 치열한 경쟁과 불안 속으로 몰아넣습니다. 경제 위기와 공황은 단순한 사고가 아니라, 자본주의가 지닌 모순이 폭발하는 장면일 뿐입니다.

제가 말하는 핵심은 단순합니다. 많은 사람들이 함께 힘을 모아 생산하지만, 그 결과로 얻은 이익은 소수의 자본가들만 차지한다. 생산은 사회적으로 이루어지지만, 소유는 소수의 자본가에게 사적으로 귀속된다. 바로 이 모순이 자본주의를 끊임없이 흔들고, 결국은 무너뜨릴 것입니다. 수많은 사람들이 함께 협력해 생산하는데, 그 결실은 극소수만 차지합니다. 이것이 공정합니까? 정의로운 사회라 부를 수 있습니까?

물론 자본주의는 끈질깁니다. 위기를 맞을 때마다 스스로를 조정하며 연명합니다. 그러나 그 과정은 언제나 노동자의 희생 위에 세워집니다. 역사는 우리에게 가르쳐주었습니다. 착취와 불평등은 영원히 계속될 수 없다는 것을 말입니다. 어느 순간 모순이 극한에 달하면 억눌려 있던 힘이 분출되고, 새로운 사회 질서가 태어납니다.

저는 미래를 단순한 환상으로 보지 않습니다. 저는 역사와 현실의 분석을 통해 말합니다. 자본주의는 자기 무덤을 스스로 파고 있습니다. 수탈자는 결국 수탈당할 것이며, 사적 소유의 족쇄는 풀리고, 사회적 생산의 결실은 사회 전체의 것이 될 것입니다.

그것이 혁명의 의미이고, 인간 해방의 시작입니다.

친애하는 청중 여러분, 이 토론의 끝에서 저는 묻고 싶습니다. 우리는 자본주의의 모순을 단순히 관찰하며 또 다른 위기를 기다릴 것입니까? 아니면 그 모순을 넘어서는 새로운 길을 찾을 것입니까? 역사를 움직이는 힘은 언제나 우리 손에 달려 있습니다.

아고라: 감사합니다. 오늘 '자본주의의 미래'라는 거대한 질문 앞에서, 세 분께서 그려주신 서로 다른 미래의 풍경이 무척이나 인상 깊었습니다. 중요한 것은 자본주의를 맹신하거나 전면 부정하는 것이 아니라, 그 장단점을 냉정히 분석하고 더 나은 방향으로 발전시켜 나가는 것이 아닐까요?.

'지혜의 광장' 전통에 따라 마지막으로 청중들께 질문을 드리면서 끝마치겠습니다. 여러분의 상상력과 선택과 행동이 자본주의의 미래를 결정할지도 모릅니다.

"여러분은 자본주의의 미래를 어떻게 보시나요?"

❶ 내재적 모순으로 인해 붕괴할 것이라는 비관론 – 마르크스형

❷ 시장의 자율성과 '보이지 않는 손'을 통해 균형을 찾아야 한다는 신중론 – 스미스형

❸ 창조적 파괴를 통해서 발전을 이어갈 것이라는 낙관론 – 슘페터형

만약 대한민국에서 일하는 청년이 평생 돈을 벌어도 집 한 채를 살 수 없다면 어떨까요? 노동으로 번 돈보다 토지나 자산에서 생기는 불로소득이 훨씬 많아 부익부 빈익빈이 심화된다면 어떨까요? 사회가 진보할수록 오히려 다수의 삶은 더 가난해진다면 도대체 그런 진보는 누구를 위한 것일까요? 이런 질문에 평생을 바친 사상가가 있습니다. 그는 사회가 발전할수록 빈곤이 심화되는 원인을 토지 소유의 불평등에서 찾았습니다. 그리고 노동의 대가가 아닌 불로소득을 환수하여 사회 전체의 부를 키울 수 있는 길을 제시했습니다. 경제학자이자 사회 개혁가로 진보와 빈곤의 모순에 가장 치열하게 맞섰던 헨리 조지를 만나봅시다.

헨리 조지
「진보와 빈곤」

토지의 이익을 모두에게

헨리 조지,
당신은 누구?

"진보와 빈곤이 결합되어 나타나는 것은 우리 시대의 가장 큰 수수께끼이다. 발전될수록 빈곤은 더 깊어지고, 더 넓게 퍼지며, 더 두드러지게 드러난다."

이 문장으로 시작하는 헨리 조지(Henry George, 1839~1897)의 『진보와 빈곤』은 19세기 말 전 세계를 뒤흔든 경제학책입니다. 출간 직후 미국에서 수십만 부가 팔렸고, 여러 언어로 번역되며 세계적인 베스트셀러가 되었습니다.

'왜 사회가 진보할수록 빈곤이 심화되는가?'라는 문제 제기는 산업화 시대 대중의 현실적 고민을 정확히 짚어내서, 마르크스의 『자본론』과 함께 가장 널리 읽힌 경제학책이 된 것이지요.

모든 세금을 없애고 토지세 하나로 대체하는 단일세(Single Tax)로 모든 사회 문제를 해결할 수 있다는 그의 급진적 아이디어는 수많은 사람들에게 희망과 충격을 주었습니다. 하지만 이 사상이 하루아침에 나온 것은 아니었습니다. 한 평범한 청년의 절망적 체험과 19세기 미국의 급속한 산업화 현실이 있었습니다. 그 이야기로 들어가 볼까요?

헨리 조지는 1839년 미국 필라델피아에서 태어났습니다. 아버지는 성공회 신자에서 퀘이커교도로 개종한 독실한 종교인이었고, 어머니는 스코틀랜드계 이민자 가정 출신이었습니다. 조지 가족은 경제적으로 넉넉하지 않았지만, 강한 종교적 신념과 사회 정의에 대한 관심을 가지고 있었습니다. 퀘이커교도였던 부모는 자녀들에게 검소함과 정직함, 그리고 사회적 약자에 대한 관심을 가르쳤습니다. 퀘이커교는 노예제 반대, 여성의 권리 신장, 평화주의 등 당시로서는 진보적인 사회개혁운동을 주도하고 있었고, 이런 환경은 어린 그의 사회의식 형성에 큰 영향을 미쳤습니다

조지는 10남매 중 둘째로 태어나 어려서부터 호기심이 많고 정의감이 강했습니다. 거리에서 구걸하는 아이들을 보면 자신이 가진 동전을 나누어주곤 했습니다.

19세기 뉴욕의 뒷골목 모습.

"왜 어떤 사람은 호화롭게 살고, 어떤 사람은 먹을 것도 없이 고생해야 하지요?"

이런 질문을 던지면 어른들의 답은 한결같았습니다.

"하느님의 뜻이니 받아들여야 한다."

그는 납득하지 못했습니다.

학교생활은 순탄하지 않았습니다. 형식적인 교육보다는 실제 세상에 더 관심이 많았던 그는 14세에 학교를 그만두었습니다. 당시 미국에서는 이런 일이 드물지 않았지만, 부모는 아들의 결정을 아쉬워했습니다. 하지만 그는 이미 자신만의 길을 걸어가기로 마음먹었습니다.

16세 때 조지는 상선의 선원이 되어 인도와 호주를 오가는 항해에 나섰습니다. 그에게 바다에서 보낸 1년은 단순한 모험이 아니라, 인생을 뒤흔드는 경험이었습니다. 인도에서는 화려한 궁전과 극심한 빈곤이 나란히 존재하는 모습을 목격했고, 호주에서는 끝없이 펼쳐진 광활한 미개척지를 보며 '왜 이렇게 넓은 땅이 몇몇 사람의 소유로 묶여 있는가?'라는 의문을 품기 시작했습니다. 이 경험은 훗날 그가 '토지와 빈부격차의 문제'를 집요하게 파고드는 씨앗이 되었습니다.

3년 뒤 그는 캘리포니아에서 금광이 발견되었다는 소식을 듣고 새로운 기회를 찾아 샌프란시스코로 향했습니다. 하지만 그곳에서 기다리고 있던 것은 황금이 아니라 치열한 현실이었습니다. 그는 금을 캐는 대신 인쇄소 식자공으로 일하며 생계를 이어갔습니다. 그러나 캘리포니아의 생활은 그가 꿈꾸던 낙원이 아니었습니다. 골드러시에 몰려든 사람들로 인해 물가는 하늘 높은 줄 모르고 치솟았고, 특히 토지 가격은 하루가 다르게 폭등했습니다.

그는 이상한 현상을 목격했습니다. 부를 꿈꾸고 온 이들이 많았지만, 실제로 금을 차지한 건 극히 일부 소수였고, 대부분은 비싼 땅값과 생활비 때문에 오히려 더 가난해졌습니다. 열심히 일하는 광부들과 농부들은 여전히 가난했지만, 아무것도 하지 않고 땅만 소유한 사람들은 부자가 되어갔습니다.

'땅값이 오르는 것은 그 땅 소유자의 노력 때문이 아니다. 사회 전체의 발전 때문이다. 그런데 왜 그 이익을 혼자 가져가는가?'

이런 의문이 그의 머릿속을 떠나지 않았습니다.

　1861년 그는 결혼했지만, 생활은 극도로 궁핍했습니다. 식자공 일은 불규칙했고, 하루 벌이가 끊기면 며칠씩 굶는 일이 다반사였습니다. 첫째 아이가 태어났을 때는 병원비조차 마련하지 못해 길에서 마주친 낯선 사람에게 돈을 빌려야 하기도 했습니다. 그에게 가난은 단순한 경제적 곤란이 아니라, 가족의 생명까지 위협하는 냉혹한 현실이었습니다. 이런 경험은 그에게 가난의 실체를 뼈저리게 느끼게 해주었습니다.

　이후 그는 신문기자로 일하게 되면서 캘리포니아의 경제 현실을 더욱 깊게 관찰할 기회를 얻었습니다. 마침 대륙횡단철도 건설이 진행되면서 미국 서부의 경제 지형이 요동치고 있었습니다. 그러나 그가 본 것은 진보의 빛나는 풍경이 아니라, 부의 편중과 불평등이었습니다. 엄청난 규모의 토지가 소수 철도회사와 투기세력에게 무상으로 넘어갔고, 이들은 단지 땅을 보유했다는 이유만으로 땅값 폭등으로 천문학적인 부를 챙기고 있었습니다. 반면에 수많은 서민들은 더 비싸진 땅값과 생활비에 짓눌려 고통받고 있었습니다.

　그는 기자로서 이 불의한 현실을 신문에 고발했습니다.

　'철도 건설은 국민의 세금으로 이루어졌다. 그런데 그 혜택을 왜 소수의 토지 소유자들만 독차지하는가? 이것이 과연 정의로운가?'

그의 글은 대중에게 커다란 반향을 불러일으켰습니다. 많은 사람들이 그의 지적에 공감했고, 토지 문제를 단순한 경제 이슈가 아니라 사회 정의의 문제로 인식하기 시작했습니다. 하지만 동시에 그는 강력한 기득권층의 분노를 샀습니다. 철도회사와 토지 소유자들의 압력으로 그는 종종 해고 위기에 몰렸고, 언론계에서조차 외압을 견뎌야 했습니다.

1868년 조지는 뉴욕을 방문할 기회를 얻었습니다. 당시 뉴욕은 남북전쟁 이후 미국 자본주의가 급격히 성장하던 현장이었습니다. 맨해튼 곳곳에는 고층 건물이 솟아올랐고, 증기기관의 굉음과 함께 공장들이 쉴 새 없이 돌아가고 있었습니다. 유럽에서 몰려든 이민자들과 시골에서 일자리를 찾아온 이들로 거리는 북적였고, 도시는 전에 없던 활력으로 가득했습니다.

그러나 화려함의 이면은 달랐습니다. 번쩍이는 저택과 상점가에서 불과 몇 블록 떨어진 곳에는 가난에 짓눌린 빈민가가 끝없이 이어져 있었습니다. 아이들은 헐벗은 채 거리에서 구걸했고, 좁은 셋방에는 수많은 가족이 몰려 살았습니다. 부와 빈곤의 대비가 이토록 선명하게 드러나는 도시는 그에게 큰 충격을 주었습니다.

어느 날 뉴욕 거리를 마차를 타고 지나가던 그는 문득 마부에게 물었습니다.

"이 근처 땅값은 얼마나 합니까?"

마부는 아무렇지 않게 대답했습니다.

"한 천 달러쯤 하지요."

그 순간 조지는 귀를 의심했습니다. 천 달러라니! 그것은 당시 평범한 노동자가 2년 넘게 꼬박 일해도 벌기 힘든 거액이었습니다.

'바로 이것이다! 빈곤의 뿌리는 토지의 사적 소유에 있다. 인간이 만든 것도 아닌 땅이, 소수의 소유로 묶여 있는 한 진보는 빈곤을 낳을 수밖에 없다.'

이 경험은 그의 생각을 한층 더 굳건히 했습니다. 뉴욕의 화려한 번영과 그 그늘에 드리운 참혹한 빈곤은, 토지 문제를 해결하지 않고는 사회 정의도, 진정한 진보도 불가능하다는 확신으로 그를 이끌었습니다.

캘리포니아로 돌아온 조지는 본격적으로 경제학 연구에 매달렸습니다. 낮에는 생계를 위해 글을 쓰고, 밤에는 책을 파고드는 생활이 이어졌습니다. 그는 애덤 스미스, 데이비드 리카도, 존 스튜어트 밀 등 고전 경제학자들의 책을 열심히 읽으며, 기존 경제학의 이론과 현실을 하나하나 대조했습니다.

특히 그의 관심을 끈 것은 리카도의 '지대론'이었습니다. 리카도는 토지의 지대가 토지의 비옥도 차이에 따라 형성된다고 설명했습니다. 더 비옥한 땅은 더 많은 수확을 보장하므로, 자연스럽게 더 높은 지대를 형성한다는 논리였습니다. 하지만 헨리 조지는 리카도의 이론을 비판적으로 검토하면서 한 걸음 더 나아갔습니다.

'지대는 땅주인의 노력 때문이 아니다. 그것은 사회 발전에 따라 자동적으로 증가한다. 인구가 늘어나고, 교통이 발달하며, 상업과 산업이 성장할수록 토지의 가치는 저절로 올라간다. 그런데 그 상승분은 누구의 몫인가? 그것은 사회 전체가 만들어낸 가치다. 그런데 왜 특정 개인이 독차지하는가?'

조지는 이 가치를 불로소득이라고 규정했습니다. 생산 활동에서 나온 것이 아니라, 단지 토지를 소유했다는 사실만으로 얻는 소득이라는 점에서 정당성이 없다는 것이지요. 그는 이 불로소득을 개인이 가져가는 것은 도둑질과 다름없다고까지 말했습니다.

1871년 조지는 『우리의 토지와 토지 정책』이라는 소책자를 발표했는데, 여기서 처음으로 단일세 아이디어를 공개적으로 제시했습니다.

'토지에만 세금을 부과하고, 다른 모든 세금은 폐지하자.'

그의 주장은 과감했습니다. 토지세 하나만으로도 정부 재정을 충당할 수 있고, 동시에 투기를 억제하며 토지를 효율적으로 이용하게 할 수 있다는 것이었습니다. 그러나 이 소책자는 그다지 큰 주목을 끌지 못했습니다. 당시 미국 사회는 철도 건설과 산업 성장의 열기에 휩싸여 있었고, 토지세 하나로 모든 세금을 대체한다는 발상은 너무 급진적이고 비현실적으로 보였던 것입니다.

하지만 조지는 물러서지 않았습니다. 단편적인 주장만으로는 사람들을 설득할 수 없다는 것을 깨달은 그는 훨씬 더 체계적이고 논리적인 책을 써야 한다는 결심을 하고, 그때부터 본격적으로 『진보와 빈곤』 집필에 착수했습니다.

그의 핵심 아이디어는 간단했습니다.

'사회가 발전할수록 땅값은 오른다. 이 증가분은 사회 전체가 만들어낸 가치인데, 땅주인이 독차지하면서 다른 사람들은 상대적으로 더 가난해진다. 따라서 토지에서 생기는 불로소득은 사회가 세금으로 환수해야 한다.'

그는 이를 위해 토지세를 대폭 인상하고 다른 세금은 모두 폐지할 것을 제안했습니다. 생산 활동을 위축시키는 세금 대신, 토지에서 발생하는 불로소득에만 과세하면 정의와 효율성을 동시에 달성할 수 있다는 주장이었습니다.

1879년 출간된 『진보와 빈곤』은 경제학계와 사회 전반에 폭발적인 반향을 일으켰습니다. 미국은 물론 영국과 유럽 전역으로 번역·소개되며 100만 부 이상 판매되는 대성공을 거두었습니다. 학술서로서는 전례가 없는 판매량이었고, 경제학책이 베스트셀러 반열에 오른 것은 사상 최초의 일이었습니다.

헨리 조지는 단숨에 세계적 명사가 되었습니다. 그가 연단에 서는 곳마다 수천, 수만의 청중이 몰려들었고, 그의 연설은 언론에 대서특필되었습니다. 특히 영국과 아일랜드 강연 여행은 그의 명성을 절정으로 끌어올렸습니다. 런던에서는 대형 극장이 청중으로 가득 찼고, 아일랜드에서는 영국 지주들의

신문을 보고 있는 헨리 조지.

토지 수탈에 시달리던 농민들이 그를 구세주처럼 맞이했습니다.

'토지는 하느님께서 모든 인간에게 주신 공동의 유산입니다!'

그의 연설은 아일랜드 농민들의 마음을 뜨겁게 달구었고, 환호와 눈물 속에서 거대한 민중 집회와도 같은 장관을 이루었습니다.

그의 사상은 곧바로 '조지주의(Georgism)'라 불리는 세계적 사회운동으로 확산되었습니다. '단일세 운동'이라고 불린 이 운동은 19세기 말과 20세기 초에 전 세계에 커다란 영향을 미쳤습니다. 지식인과 정치가, 개혁운동가들뿐 아니라 일반 시민들까지도 조지의 주장을 사회 정의의 해답으로 받아들였습니다. 실제로 여러 나라에서는 그의 사상이 제도로 구현되었습니다.

호주에서는 그의 영향을 받은 정치가들이 토지세를 대폭 인상했고, 이는 토지 투기를 억제하고 도시 발전을 촉진하는 효과를 가져왔습니다.

덴마크에서도 농지에 대한 토지세가 강화되어 대농장이 분할되고, 소농들이 땅을 가질 기회가 확대되었습니다. 이는 덴마크 농업 구조의 개혁으로 이어졌습니다.

뉴질랜드, 캐나다 등지에서도 토지세 개혁이 도입되었고, 이는 공공재정 확충과 도시 기반 시설 확충에 기여했습니다.

중국에서는 쑨원(孫文)이 조지의 사상에 깊은 영향을 받았습니다. 쑨원의 삼민주의 가운데 민생주의는 바로 조지의 토지 사상에서 큰 영감을 얻은 것이었습니다. 쑨원은 '토지의 가치가 사회 발전에 따라 오르면, 그 증가분은 국가가 회수해야 한다'고 주장했는데, 이는 그의 이론을 그대로 받아들인 것이었습니다.

러시아에서는 톨스토이가 『진보와 빈곤』을 읽고 깊은 감명을 받았습니다. 그는 헨리 조지와 서신을 주고받으며 교류하기도 했습니다. 톨스토이는 '토지는 하느님의 것이므로 개인이 독점할 수 없다'는 조지의 주장에 깊이 공감했고, 자신의 사상 속에서도 토지 사유의 부당성을 거듭 강조했습니다.

우리나라의 일제강점기 독립운동가들도 헨리 조지의 사상에서 깊은 자극을 받았습니다. 토지의 사적 독점이 빈곤의 근본 원인이라는 그의 주장은 식민지 조선의 현실과 더욱 깊이 맞닿아 있었습니다. 일제강점기 조선 농민 다수는 일본인 지주나 그들과 결탁한 일부 대지주에게서 땅을 빌려 농사짓는 소작농으로 전락했고, 수확의 절반 이상을 지대로 바쳐야 했습니다. 일본인 지주의 토지 수탈은 단순한 경제적 불평등을 넘어, 민중의 생존 자체를 위협하는 가혹한 구조였습니다. 이런 현실 속에서 조지가 강조한 '토지는 민중 전체의 공동 자산'이라는 사상은 조선의 독립운동가와 지식인들에게 더욱 절실하고 강렬한 울림으로 다가왔습니다.

미국에서 활동하던 안창호는 현지에서 활발하던 조지주의 운동과 사상적 흐름을 접했습니다. 그는 정치적 독립만으로는 민족의 해방이 완성되지 않는다고 보았고, 경제적 불평등, 특히 토지 문제를 해결하지 않으면 민중의 빈곤은 계속될 것이라 확신했습니다. 그래서 농민과 서민이 정당하게 땅을 소유하거나 이용할 수 있는 사회를 구상하며, 토지 문제 해결 없는 독립은 반쪽짜리라고 강조했습니다.

여운형 역시 토지 불평등을 사회 개혁의 핵심 과제로 보았습니다. 해방 후 그는 토지개혁을 반드시 추진해야 한다고 주장했고, 미군정과 좌우 합작 논의 과정에서도 토지 문제 해결 없이는 새로운 사회가 바로 설 수 없다고 역설했습니다. 그의 사상적 뿌리는 사회주의·민족주의에 있었지만, 토지 독점이 불평등의 뿌리라는 문제의식은 조지의 통찰과 맞닿아 있었습니다.

헨리 조지의 사상은 우리 독립운동가들에게 단순한 경제학 이론이 아니라, 해방 후 어떤 사회를 세울 것인가에 대한 고민을 자극한 하나의 비전이었습니다. 그리고 이러한 문제의식은 해방 이후 1950년대 농지개혁 논의로도 이어졌습니다.

1886년 조지는 뉴욕 시장 선거에 출마했습니다. 이는 당시로서는 매우 파격적인 일이었습니다. 그는 기존 정당의 지원 없이 무소속 후보로 출마해 노동자들과 개혁주의자들의 지지를 받아 2위를 차지했습니다. 당선되지는 못했지만, 기존 정치권에 큰 충격을 주었습니다. 그의 정치적 영향력은 계속 커져갔습니다. 1897년 그는 다시 뉴욕 시장 선거에 출마했지만, 선거를 불과 며칠 앞두고 뇌졸중으로 쓰러져 갑작스럽게 세상을 떠났습니다. 그의 나이 58세였습니다.

조지의 장례식에는 10만 명이 넘는 사람들이 참석했습니다. 노동자·농민·지식인·정치가들이 모두 모여 이 위대한 개혁가의 죽음을 애도했습니다.

헨리 조지의 죽음으로 단일세 운동은 동력을 잃었지만, 그의 사상은 계속 영향을 미쳤습니다. 20세기 들어 토지공개념, 개발이익 환수 등의 정책에서 그의 아이디어를 찾아볼 수 있습니다.

140여 년 전 캘리포니아의 한 신문기자가 서부 개척지에서 목격한 불평등의 현실을 분석하며 깨달은 통찰이 오늘날에도 우리에게 깊은 성찰을 요구하고 있습니다.

『진보와 빈곤』
핵심 쏙쏙!

헨리 조지의 『진보와 빈곤』은 토지 문제를 통해 불평등의 근본 원인을 분석한 경제학책으로, 오늘날까지 가장 뜨거운 논쟁을 불러일으키는 것은 토지세 하나로 모든 사회문제를 해결할 수 있다는 파격적인 주장입니다. 이 책은 단순한 경제학책이 아니라, 사회 정의와 공동체의 미래를 고민하게 만드는 시대를 초월한 고전입니다.

진보할수록 빈곤이 늘어나는 역설

19세기 미국은 산업혁명과 서부 개척으로 눈부신 진보를 이루고 있었습니다. 대륙횡단철도가 개통되고, 도시에는 고층 건물이 세워졌으며, 기술혁신이 쉴 새 없이 이어졌습니다. 겉으로는 무한한 기회의 땅처럼 보였지만, 그 이면에는 빈민가와 실업자도 늘어났습니다. 철도가 건설되고 도시가 발달하며 기술이 진보하는데, 왜 가난한 사람들은 더 많아질까요?

'문명이 발달할수록 부의 격차는 더 벌어진다. 이것은 자연법칙이 아니라 잘못된 제도 때문이다'라고 분석한 조지는 기술 발전과 사회적 진보가 자동으로 모두에게 혜택을 가져다주지 않는다고 주장하며 그 해답을 토지제도에서 찾았습니다.

토지는 모든 부의 원천이다

경제학자늘은 보통 생산의 3요소를 노동, 자본, 토지로 구분하는데, 조지는 이 중에서 토지가 가장 중요하다고 봅니다. 노동과 자본은 인간이 만들어낸 것이지만, 토지는 인간이 만들 수 없는 자연의 선물이기 때문입니다.

그는 토지를 누가 소유하느냐가 부의 분배를 결정한다고 보았습니다. 실제로 노동이든 자본이든 그 출발점에는 반드시 토지가 필요합니다. 공장을 세우는 것도, 농사를 짓는 것도, 집을 짓고 도로를 놓는 것도 모두 토지 위에서 이루어집니다. 그래서 토지를 누가 소유하느냐가 부의 분배와 사회적 불평등을 좌우한다는 겁니다. 소수가 토지를 독점하면 다수는 높은 지대와 임대료를 감당하느라 가난해지고, 토지를 공정하게 이용할 수 있는 제도가 마련되면 부는 사회 전체에 더 고르게 돌아간다고 했습니다.

지대는 사회가 만든 불로소득이다

헨리 조지는 토지의 지대가 어디에서 발생하는지를 철저히 분석했습니다. 흔히 사람들은 땅값이 오르는 이유를 토지 소유자의 투자나 개량 덕분이라고 생각하지만, 그는 그렇지 않다고 보았습니다. 실제로 지대는 개인의 노력과 무관하게 사회 전체의 발전에서 비롯됩니다. 인구가 늘어나고, 도시가 확장되며, 도로와 철도가 건설되고, 상업이 활발해질수록 땅값은 저절로 상승합니다. 다시 말해 지대는 토지 소유자가 아닌 공동체 전체가 만들어낸 가치라는 것입니다. 그러나 현실에서는 이 이익이 온전히 토지 소유자에게 돌아갑니다. 그는 이를 불로소득이라 규정했습니다.

토지 독점이 빈곤의 근본 원인이다

그는 빈곤의 근본 원인을 토지의 사적 독점에서 찾았습니다. 소수가 토지를 독점하면 다수는 토지에 접근할 수 없게 됩니다. 결국 토지가 없는 사람들은 생존과 생산 활동을 위해 토지 소유자에게 땅을 빌리고 지대를 지불할 수밖에 없습니다. 이는 단순한 경제 문제를 넘어 사회구조의 불평등을 고착화합니다. 토지를 소유하지 못한 사람은 아무리 성실히 일해도 그 성과의 상당 부분을 땅주인에게 바쳐야 하므로 빈곤에서 벗어나기 어렵다는 겁니다.

'토지 독점은 노예제도와 본질적으로 같습니다. 형식적으로는 자유인일지 몰라도, 실질적으로는 토지 소유자에게 예속되어 살아갑니다.'

『진보와 빈곤』 초판본 1879.

토지는 하느님이 주신 공동 선물이다

헨리 조지는 토지 사유제에 대한 근본적 의문을 제기합니다.

인간이 노동으로 생산한 것은 그 개인의 소유가 정당하지만, 인간이 만든 것이 아닌 자연의 산물인 토지를 특정 개인이 독점하는 것은 부당하다고 보았습니다. 땅은 집을 짓고, 농사를 짓고, 삶을 영위하기 위해 모든 인간에게 반드시 필요한 터전입니다. 따라서 특정 계층의 이익을 위한 사적 재산이 아니라 인류 모두의 공동재산이어야 한다는 겁니다.

토지세는 정의롭고 효율적이다

그는 토지세가 단순히 정의로운 세금일 뿐 아니라, 경제적으로도 가장 효율적인 세금이라고 강조했습니다. 소득세나 관세는 사람들의 노동과 생산, 그리고 소비 의욕을 위축시킬 수도 있습니다. 더 일하려 해도 세금 부담이 늘어나고, 더 많이 교역하려 해도 관세 장벽이 가로막기 때문이죠.

그러나 토지세는 다릅니다. 토지는 인간이 만들어낸 것이 아니고, 공급이 고정되어 있기 때문에 세금을 매겨도 줄어들지 않습니다. 오히려 토지세를 부과하면 땅을 놀려두기가 어려워져, 반드시 활용하거나 다른 이에게 넘겨야 합니다. 이는 투기를 억제하고 땅이 실제 생산과 생활을 위해 쓰이도록 유도하는 거라고 역설했습니다.

'토지세는 투기를 억제하고 생산을 장려하는 유일한 세금이다.'

자유무역과 토지 공유가 해답이다

헨리 조지는 시대의 주류였던 보호무역에 반대하고, 일관되게 자유무역을 지지했습니다. 관세가 겉보기에는 자국 산업을 보호하는 것처럼 보이지만, 실제로는 소비자에게 더 높은 가격 부담을 지우고 소수의 산업 자본가만 이익을 본다고 분석하며, 관세는 경제 전체의 활력을 떨어뜨리는 비효율적인 제도라고 비판했습니다.

그는 국가 재정을 관세나 소득세 같은 생산을 위축시키는 세금이 아니라, 토지세로 충당해야 하고, 무역을 자유롭게 개방해 전 세계가 교류한다면 모두가 풍요로워질 수 있다고 확신했습니다.

'자유무역과 토지 독점의 폐지는 별개의 과제가 아니라 위대한 개혁의 두 부분이다. 이 둘이 결합될 때 비로소 자유와 평등이 실현될 수 있다.'

빈곤은 자연법칙이 아니다

맬서스(Thomas R. Malthus)는 인구는 기하급수적으로 증가하지만, 식량은 산술급수적으로 늘어날 뿐이기 때문에 빈곤과 기근은 피할 수 없다고 했습니다. 하지만 조지는 빈곤은 자연의 섭리가 아니라, 잘못된 사회제도의 산물이라며 강력히 반박합니다. 기술 발전과 산업 혁신으로 생산력은 충분히 확대될 수 있으며, 실제로 인류는 더 많은 식량과 재화를 만들어낼 능력이 있지만 가난이 사라지지 않는 이유는 생산물의 분배구조가 왜곡되어 있기 때문이라고 했습니다. 특히 토지 독점으로 발생하는 불로소득이 사회 전체의 몫을 가로채기 때문에 빈곤이 지속된다고 보았습니다.

토지 가치 상승이 임금을 억압한다

임금이 왜 오르지 않는지도 설명합니다. 노동자의 생산성이 아무리 늘어나도 그 과실은 노동자에게 돌아가지 않았습니다. 토지 가격이 상승하면서 임금 상승분이 모두 지대로 흘러갔기 때문입니다. 토지 가격 상승은 곧바로 생활비 상승으로 이어졌습니다. 집세와 식료품 가격이 치솟으니 명목상 임금이 오르더라도 실제 생활 수준은 나아지지 않았습니다. 그렇게 노동자의 실질 임금은 제자리걸음을 하고, 그 차익은 모두 토지 소유자의 몫이 된다는 겁니다.

'진보의 열매는 모두 지주가 가져가고, 노동자에게는 남는 게 없습니다.'

도시 문제를 근본적으로 해결한다

헨리 조지는 토지세가 단순히 재정 확보 수단을 넘어, 심각한 도시 문제를 근본적으로 해결할 수 있다고 보았습니다. 오늘날처럼 도심의 땅값이 치솟으면 서민들은 외곽으로 밀려나 긴 통근 시간과 교통비 부담을 질 수밖에 없습니다. 그러나 토지세를 통해 지대를 사회가 환수하면 도심의 땅값은 자연스럽게 안정되고, 서민들도 직장 근처에서 살 수 있는 길이 열립니다. 토지 소유자들도 높은 세금 부담을 피하기 위해 놀려두던 땅을 적극적으로 개발하거나 매각해야 하므로, 토지가 효율적으로 사용됩니다. 이는 도심의 공동화와 슬럼 형성을 막고, 균형 잡힌 도시 발전을 가능하게 합니다. 토지 단일세는 단순한 조세 개혁이 아니라 도시 계획과 사회 개혁을 동시에 달성할 수 있는 종합 처방전이었습니다.

고전툰

토지세로 세상을 바꾸자!

요즘 집값이
왜 이리 비싼 거야?
나중에 어른이 되면
내 집을 마련할 수 있을까?
XX m²
매매 11억

이게 아닌데…
자연이 만든 토지를
개인이 독점해서는
안 되는 건데….

아저씨 누구세요?
집 보러 왔나요?

난 옆 반의 헨리 조지라고 해.
우리 학교에 나같이
수염난 친구들 많던데
아직도 적응을 못 했니?

어쨌든 생각해보자!
토지 가격이 오르는 이유는
과연 무엇일까?

땅 주인이
열심히 개발해서
그런가?

틀렸어! 대부분은
주변에 역이 생기고
인구가 증가하며 상권이 생기고
그렇게 사회가 발전하면서
토지 가격이 오르는 거야!

우리 모두의 노력으로
사회가 발전하면서
토지 가격이 오른 건데,
그 이익을 혼자 낼름 가져간다?
그건 공정하지 않아!
그렇다면
어떻게 공정하게
만들지?

해답은 바로
토지세를 징수하는 거야!
토지의 사회적인 가치를
사회에 환수하는 거지!
국세청
토지세

토지세가 높으면
투기는 사라지고
실제 이용자들만 들어올 거야!
높은 세금이 부과되니까
그만큼 땅을 제대로 써서
돈을 벌어야 하거든!
수요자
투기자

다른 세금은 열심히
일할수록 더 내야 하는 구조라
근로 의욕을 떨어뜨릴 수 있지만,
토지세는 그 반대야!
열심히 토지를 쓸 수록
이득인 거지.

열심히 땅을 써서
세금 손해를 메꾸고
뽕을 뽑자!

싸우지 말고
함께 잘 쓰거라
알았지?

토지는 하느님이
모든 인간에게 주신 선물이야!
인간 모두가 공평하게 누릴
권리가 있는 거지.

하지만 그 신의 선물을
토지 소유자들이 독차지하고
사회 발전의 열매까지 차지하려고 해!
그래서 토지세로 그 발전의 열매를
모두와 나눠야 공평한 것이지.
도지세

토지세를 높이면
토지의 사회적 가치가
사회로 환원되므로
집값도 내려갈 수 있겠네?
그렇지!
드디어 토지가
투기 대상이 아닌
삶의 터전이 되는 거야.

토지는 누구의 것인가?

토론자
조지 Henry George 1839~1897
페인 Thomas Paine 1737~1809
스펜서 Herbert Spencer 1820~1903

민주시민의 경제적 역량을 키울 수 있는 빛나는 책의 저자를 모시고 인류 역사의 쟁쟁한 지성들과 함께 토론하고 지혜를 나누는 '지혜의 광장'에 오신 것을 환영합니다. 저는 진행자 아고라입니다. 오늘 우리는 토지 문제를 통해 사회 정의를 추구한 헨리 조지의『진보와 빈곤』을 중심으로, '토지는 누구의 것인가?'라는 근본적 질문에 대해 이야기 나누고자 합니다.

먼저 토론자 두 분을 소개해드리겠습니다.

토마스 페인 선생님은 미국독립혁명과 프랑스혁명에 모두 깊이 관여한 정치사상가이자 행동가였습니다. 그는 혁명기의 뜨거운 현장에서 글과 연설로 민중을 고무하며 시대의 변화를 이끌었습니다. 특히『인간의 권리』에서 세습적 특권을 강하게 비판하며, 모든 인간은 태어날 때부터 평등한 권리를 가진다고 주장했습니다.

또한 그는 토지에서 발생하는 불로소득은 개인이 아니라 사회 전체의 몫이라고 보았습니다. 따라서 이를 토지 상속세의 형태로 환수하고, 그 재원을 바탕으로 모든 사람에게 최소한의 생활을 보장하자고 제안했습니다. 오늘날의 시각에서 보면, 토지 불로소득을 사회적으로 환수해 기본소득으로 분배하자는 매우 혁신적이고 시대를 앞선 발상이었던 것입니다.

허버트 스펜서 선생님은 영국의 철학자이자 사회사상가로, 사회진화론의 창시자로 불립니다. 그는 '적자생존'이라는 말을 처음 사용하며, 생물학적 진화 원리를 사회와 국가, 경제에 적용했습니다. 사회도 살아 있는 유기체처럼 점차 발전한다고 보았고, 개인의 자유로운 경쟁이 사회를 진보시킨다고 믿었습니다. 그의 사상은 자본주의와 자유주의를 정당화하는 데 큰 영향을 주었지만, 생물학적 논리를 단순히 사회에 옮겨온 점 때문에 비판도 받습니다. 그럼에도 그는 과학적 사고를 사회 이해에 접목한 중요한 사상가로 평가됩니다.

자, 그럼 오늘의 토론을 본격적으로 시작해 보겠습니다..

1. 토지는 누구의 것인가?

아고라: 전 세계적으로 부동산 가격이 폭등하고 있습니다. 특히 대한민국 서울의 아파트값은 평범한 시민이 감당할 수 있는 수준을 넘어선 지 오래입니다. 내 집 마련은 꿈이 아닌 신기루가 되어가고 있습니다. 이런 현실 속에서 우리는 근본적인 질문을 던지지 않을 수 없습니다. 애초에 인간이 만들지도 않은 토지를 개인이 소유하는 것은 과연 정당한 것일까요?

조지: 좋은 질문입니다. 토지 사유권의 정당성을 논하기 전에 우리는 소유권의 근원부터 물어야 합니다. 개인이 땀 흘려 만든 물건이나 성과를 그 사람이 소유하는 것은 정당합니다. 그러나 토지는 인간이 만든 것이 아닙니다. 그것은 창조주가 인류 모두가 평등하게 사용하라고 내어준 공동의 자산입니다. 특정 개인이 이 공동 자산을 독점하고, 그로부터 발생하는 이익을 사유화하는 것은 마치 공기를 독점해 팔겠다는 것과 같은 부당한 행위입니다.

서울 아파트값이 치솟는 것도 집주인의 특별한 노력 때문이 아닙니다. 인구의 증가, 교통망의 확충, 도시 기반 시설의 발전,

국가 경제성장처럼 사회 전체가 함께 만든 요
인들 덕분입니다. 마땅히 그로부터 생기는 이
익은 특정 소수가 아니라 사회 전체로 환원되
어야 합니다.

페인: 저도 같은 생각입니다. 토지는 우리 세대가
조상으로부터 물려받아 후손에게 물려주어야 할
인류 공동의 유산입니다. 어느 누구도 태어날 때
토지를 가지고 태어나지 않았습니다. 따라서 토지
에 대한 사적 소유권은 원천적으로 정당화될 수 없습니다. 다만,
이미 토지 사유제가 사회 깊숙이 뿌리내린 현실을 무시할 수는
없습니다. 혁명적인 방식보다는 점진적이고 합리적인 개혁이 필
요합니다. 구체적인 해법으로 토지 소유로 인해 발생하는 불로소
득을 세금으로 환수하는 방안을 제안합니다. 이렇게 거둔 세금
을 모든 시민에게 '시민 배당(기본소득)'의 형태로 공평하게 분배한
다면 토지 사유로 인한 불평등을 바로잡고 모든 사람이 공동 유
산의 혜택을 누리게 될 것입니다.

스펜서: 두 분의 이상적인 주장은 잘 들었습니다만, 현실을 너무
외면하고 계십니다. 사회는 경쟁과 적응을 통해 진화하는 유기체

와 같습니다. 토지 소유 역시 마찬가지입니다. 토지를 더 효율적으로 활용하고 더 큰 가치를 창출할 수 있는 유능한 개인이나 집단이 소유권을 획득하는 것은 적자생존의 원리에 따른 자연스러운 과정입니다. 이것이 사회 전체의 발전을 이끄는 동력이 됩니다. 물론, 소수의 독점이 지나쳐 다수의 생존을 위협하는 단계에 이른다면 최소한의 사회적 제어는 필요할 수 있습니다. 하지만 토지 소유 자체를 부정하고 그 이익을 인위적으로 재분배하려는 시도는 개인의 재산권과 경제적 자유를 침해할 뿐만 아니라 사회 발전의 엔진을 꺼뜨리는 위험한 발상입니다.

2. 불로소득과 공평한 세금

아고라: 토지 소유의 불평등이 심화되는 현실에서, 그 해결책으로 세금 문제가 자연스럽게 따라옵니다. 특히 토지에서 발생하는 불로소득을 어떻게 다룰 것인가가 핵심입니다. 조지 선생님께서는 모든 세금을 토지세 하나로 통합하는 단일세를 제안하셨습니다. 이것이 과연 현실적인 대안이 될 수 있을까요?

조지: 물론입니다. 단일세는 가장 정의롭고 효율적인 조세제도입

니다. 토지 가치는 개인이 아니라 사회 전체가 함께 만든 부입니다. 따라서 그 가치에서 비롯된 지대를 세금으로 환수하는 것은 도둑질이 아니라, 마땅히 사회의 몫을 되찾는 정당한 과정입니다. 이것만으로도 국가는 충분한 재정을 확보할 수 있습니다. 더 중요한 것은 토지세가 경제에 미치는 긍정적 효과입니다. 노동소득세나 법인세는 열심히 일할수록 더 많은 세금을 내게 하여 생산 의욕을 꺾지만, 토지세는 생산 활동에 아무런 해를 끼치지 않습니다. 오히려 토지를 놀려두면 손해이므로, 소유주가 토지를 더 효율적으로 사용하게 만들어 투기를 억제하고 경제 전체에 활력을 불어넣습니다.

한국에서도 집값과 땅값이 잡히지 않는 가장 큰 이유 중 하나는 토지세율이 지나치게 낮고, 각종 예외 규정과 특혜가 많기 때문입니다. 제대로 된 토지세만으로도 불로소득을 줄이고 투기를 막을 수 있으며, 사회적 불평등과 불안정을 크게 완화할 수 있을 것입니다. 단일세는 단순한 조세제도가 아니라, 정의로운 사회 질서를 회복하기 위한 근본적 해법이라고 저는 확신합니다.

페인: 조지 선생님의 주장은 대단히 매력적입니다. 다만 저는 모든 세금을 토지세 하나로 대체하는 것에는 조금 신중해야 한다고 생각합니다. 현실에서는 사회 운영에 필요한 다양한 재원이

필요하고, 토지세만으로는 부족할 수도 있습니다. 그러나 원칙에는 전적으로 동의합니다. 불로소득은 환수해야 하고, 개인의 땀과 노력은 보장받아야 합니다. 이런 기준으로 보면 토지세와 상속세는 정당한 세금입니다. 토지는 누구의 노력으로 만들어진 것이 아니고, 상속 재산 역시 상속받는 사람이 직접 벌어들인 것이 아니기 때문입니다. 반대로 노동소득세나 부가가치세는 개인의 노력에 일종의 벌금을 매기는 셈이라 불공정합니다.

저는 토지세와 함께 상속세를 강화하고, 이렇게 모은 재원을 모든 시민에게 기본소득 형태로 돌려주는 것이 가장 현실적이면서도 정의로운 방안이라고 봅니다. 기본소득은 일정한 금액을 조건 없이 정기적으로 모든 시민에게 지급하는 제도입니다. 기본소득이 도입되면 가난 때문에 생존을 걱정하는 일이 줄어들고, 사람들은 생계 압박에서 벗어나 교육, 창업, 문화 활동 등 더 창조적이고 생산적인 영역에 도전할 수 있습니다.

스펜서: 두 분 모두 불평등을 인위적인 세금으로 해결하려 한다는 점에서 근본적인 오류를 범하고 있습니다. 저도 토지 소유권이 본래 공동의 것이었다는 점은 인정합니다. 하지만 사회가 진화하는 과정에서 불평등은 자연스러운 현상입니다. 이를 세금으로 억지로 바로잡으려고 하면 오히려 개인의 자유와 경쟁의 활력

을 해칠 수 있습니다.

물론 토지세가 투기를 막는 효과는 있을 수 있습니다. 하지만 토지세를 유일한 세원으로 삼는다는 발상은 국가 재정의 안정을 심각하게 위협하는 비현실적인 주장입니다. 다양한 세원이 있어야 사회가 안정적으로 운영될 수 있습니다. 또한 불로소득이라는 개념도 위험합니다. 자산을 효율적으로 관리하고 투자 위험을 감수한 대가까지 불로소득으로 규정하고 징벌적 과세를 한다면, 누가 위험을 감수하고 투자를 하려고 하겠습니까? 이는 결국 사회 전체의 활력을 떨어뜨릴 것입니다.

조지: 스펜서 선생님, 지금 이 순간에도 땅값 폭등으로 인해 청년들은 내 집 마련의 꿈을 포기하고 있습니다. 이것이 과연 자연스러운 현상으로 방치할 문제입니까? 토지세를 제대로 걷는 것은 단순한 세금 문제가 아니라, 불로소득이라는 불의를 바로잡고 모두에게 공정한 기회를 주는 사회정의의 실현입니다.

페인: 맞습니다. 중요한 것은 원칙입니다. 사회가 공동으로 창출한 가치는 사회 전체에 이익이 되도록 사용되어야 합니다. 토지세 강화와 기본소득은 그 원칙을 실현하기 위한 가장 효과적인 정책 조합이라고 저는 확신합니다.

아고라: 선생님들의 토론을 듣다보니, 떠오르는 경제학자가 있습니다. 최근 프랑스 경제학자 피케티(Thomas Piketty)는 자신의 책 『21세기 자본』에서 놀라운 현실을 데이터로 증명했습니다. 바로 '자본 수익률(r)이 경제 성장률(g)보다 높다'는 것입니다. 이는 노동으로 버는 돈보다 이미 가진 재산이 불어나는 속도가 더 빠르다는 의미입니다. 그 결과 부는 점점 소수에게 집중되고, 특히 상속받은 부가 대를 이어 축적되면서 세습 자본주의가 굳어지고 있다는 경고입니다. 이런 현실은 경제 정의가 오늘날에도 여전히 가장 중요한 과제라는 걸 말해주고 있는 것 같아 씁쓸하네요.

3. 빈곤의 원인과 해결책

아고라: 인류는 과거와 비교할 수 없을 정도의 부를 만들어내고 있습니다. 과학기술은 눈부시게 발전하고, 생산성은 폭발적으로 증가했습니다. 그러나 어찌 된 일인지 빈곤은 사라지지 않고, 도시 빈민, 청년 실업, 주거 불평등 같은 문제들은 오히려 더 심각해지고 있습니다. 이 모순을 어떻게 설명할 수 있을까요?

조지: 바로 그 질문이 제가 평생을 바쳐 탐구한 주제입니다. 결론부터 말씀드리면 진보의 성과가 토지 소유자에게 독점되기 때문

입니다. 기술이 발전하고 사회가 부유해지면 그에 따라 토지의 가치, 즉 땅값과 임대료가 폭등합니다. 결국 노동자는 임금이 올라도 그보다 더 가파르게 오르는 임대료를 감당하느라 실질적인 삶은 나아지지 않습니다. 모든 진보의 혜택이 일하지 않는 지주(地主)의 주머니로 빨려 들어가는 구조, 이것이 바로 진보 속의 빈곤이라는 모순의 핵심입니다. 서울이나 뉴욕의 집값을 보십시오. 아무리 열심히 일해도 월세나 대출 이자를 내다보면 남는 게 없습니다. 빈곤의 악순환이지요.

페인: 조지 선생님의 지적에 전적으로 동의합니다. 저는 여기에 조세 정의라는 관점을 덧붙이고 싶습니다. 개인이 노동과 노력으로 만든 것은 그 사람의 것이지만, 토지와 같이 사회 전체가 만든 가치는 사회가 환수해야 합니다. 그래서 저는 토지세와 상속세가 정당한 세금이라고 봅니다. 이렇게 모은 재원을 모든 시민에게 기본소득으로 나누어주어야 합니다.

기본소득은 단순히 돈을 나눠주는 제도가 아닙니다. 이는 모든 사람이 공동의 자원에서 최소한의 권리를 인정받는다는 신호입니다. 가난 때문에 아이가 교육을 포기하거나, 청년이 꿈을 접는 일이 줄어들고, 누구나 인간다운 삶을 누릴 수 있게 됩니다. 경제적으로도 기본소득은 소비를 늘려 사회 전체의 활력을 높이고, 불평등이 완화되면서 공동체의 결속도 강해집니다.

스펜서 : 두 분께서는 사회를 너무 기계적으로 보시는군요. 사회는 경쟁을 통해 발전하는 유기체와 같습니다. 사회가 진보하면서 불평등이 나타나는 것은 어느 정도 자연스러운 현상입니다. 자연에서 생명체들이 서로 치열하게 경쟁하며 생존하듯이, 사회도 경쟁을 통해 더 강한 집단과 개인이 앞서 나가고, 그렇지 못한 이들은 뒤처질 수밖에 없습니다. 적자생존입니다. 물론 그것이 불편하게 보일 수 있지만, 장기적으로는 이런 경쟁이 사회 전체의 힘을 키워온 것도 사실입니다.

진보하는 과정에서 발생하는 불평등 역시 사회가 더 강해지기 위해 겪는 성장통과 같습니다. 이를 세금이나 인위적인 재분배로 억지로 바로잡으려 한다면 개인의 자유와 재산권을 침해할 뿐만 아니라, 사회를 발전시키는 경쟁의 동력을 꺼뜨리게 될 것입니다. 빈곤의 해결은 단일세나 기본소득 같은 강제적인 제도 개혁이 아니라, 개개인이 교육을 통해 스스로 역량을 키우고 도덕적으로 성장하여 변화하는 환경에 적응해나갈 때 비로소 가능합니다.

조지: 스펜서 선생님의 말씀은 지나치게 낙관적입니다. 토지를 가진 자와 가지지 못한 자의 격차는 시간이 갈수록 더 벌어집니

다. 우리가 제도적으로 개입하지 않으면 불평등은 결코 자연스럽게 완화되지 않습니다.

페인: 맞습니다. 저도 자유와 경쟁을 존중하지만, 최소한의 안전망이 없는 경쟁은 폭력에 가깝습니다. 굶주린 사람에게 자유롭게 경쟁하라고 말하는 것은 공허합니다. 누차 말씀드리지만, 기본소득은 동정이 아니라 권리입니다. 사회 구성원이라면 누구나 공동의 자원에서 자기 몫을 받을 자격이 있습니다. 모든 사람이 경쟁에 참여할 최소한의 자격을 보장하는 것입니다. 그것이야말로 진정한 의미의 기회균등입니다.

4. 기본소득과 시민 권리

아고라: 오늘 토론에서 페인 선생님이 그 필요성을 반복해서 강조하시는 기본소득이 최근 세계 곳곳에서 큰 화제가 되고 있습니다. 기본소득에 대한 다른 분들의 생각도 듣고 싶습니다.

조지: 저는 기본소득의 발상을 매우 긍정적으로 봅니다. 왜냐하면 토지에서 생긴 가치는 특정 개인이 아니라 사회 전체가 만든 것이기 때문입니다. 토지세로 이를 환수하고, 그 재원을 모든 시

민에게 나누어 준다면, 최소한의 생활은 누구나 보장받을 수 있습니다. 이 제도가 있다면 청년들이 집세 걱정 없이 새로운 도전을 할 수 있고, 노동자들도 생계 때문에 최저임금 이하로 착취당하지 않을 힘을 얻게 됩니다.

스펜서: 저는 기본소득에 회의적입니다. 모든 시민에게 조건 없이 돈을 지급하는 것은 자칫 근로 의욕을 떨어뜨리고, 의존적인 태도를 키울 수 있습니다. 또 기본소득의 재원을 마련하기 위해 과도한 세금을 걷는다면, 결국 사회의 생산성과 경쟁력이 줄어들 위험도 있습니다. 사회 발전은 개인의 자율과 노력, 그리고 경쟁을 통해 이뤄지는 것이지, 국가의 보장에만 의존해서는 안 된다고 생각합니다.

조지: 스펜서 선생님의 우려는 이해합니다. 하지만 저는 기본소득이 오히려 생산성과 창의성을 높일 수 있다고 봅니다. 사람들이 최소한의 생활을 보장받을 때, 비로소 위험을 감수하고 새로운 도전을 할 수 있기 때문입니다. 오늘날 청년들이 창업이나 자기 계발을 주저하는 이유 중 하나는 실패했을 때 바로 생존이 위협받기 때문이지요. 기본소득은 그런 불안을 줄여주어 더 자유롭고 창의적인 사회를 만드는 토대가 될 수 있습니다.

페인: 맞습니다. 저는 기본소득을 자유를 위한 토대라고 말하고 싶습니다. 굶주린 자유는 자유가 아닙니다. 최소한의 경제적 기반이 보장될 때만이 인간은 진정한 자유인으로서 선택하고 참여할 수 있습니다. 기본소득은 시혜가 아니라 민주사회의 필수조건입니다.

스펜서: 흥미로운 말씀입니다. 하지만 저는 여전히 제도가 인간의 도덕적 성장을 대신할 수 없다고 생각합니다. 사회가 더 나은 방향으로 나아가려면 제도뿐 아니라 개인의 노력과 교육이 함께 뒷받침되어야 합니다.

아고라: 의견이 팽팽하네요. 조지 선생님과 페인 선생님은 기본소득이 정의와 자유, 그리고 사회적 안정의 기초라고 강조하시고, 스펜서 선생님은 개인의 자율성과 경쟁의 가치가 훼손될 것을 우려하며 제도의 한계를 지적하셨습니다. 청중 여러분은 어떻게 생각하십니까? 기본소득은 우리 사회가 나아가야 할 길일까요, 아니면 조심해야 할 유혹일까요?

5. 자유무역과 토지 공유 vs 보호무역과 국가 우선주의

아고라: 오늘의 마지막 주제입니다. 조지 선생님은 자유무역과 토지 공유가 결합해야만 진정한 자유와 평등이 가능하다고 주장하셨는데, 최근 미국의 트럼프 대통령은 관세폭탄을 무기로 미국 우선주의 정책을 세계 각국에 강요했습니다. 자유무역 대신 보호무역으로 돌아간 이 정책을 어떻게 평가하십니까? 과연 자유무역과 보호무역, 어떤 길이 우리 사회와 세계의 미래를 더 풍요롭게 할 수 있을까요?

조지: 저는 분명히 말할 수 있습니다. 트럼프의 관세정책은 잘못됐습니다. 겉으로는 자국 산업을 보호하는 것처럼 보이지만, 결국 미국 소비자에게 더 비싼 물건을 강요하고 소수의 자본가들만 이익을 챙길 겁니다. 국가 전체로 보면 활력을 떨어뜨리는 길이지요. 무역은 개방되어야 합니다. 대신 국가는 부동산 불로소득세나 초과이익세 같은 건전한 세금으로 재정을 확보해야 합니다. 그렇게 모은 재원으로는 누적된 재정 적자를 줄이고, 동시에 미래 산업과 새로운 기술을 키우는 데 투자해야 합니다. 그것이야말로 나라의 활력을 살리고, 시민 모두에게 이익이 돌아가게 하는 길입니다.

페인: 저도 자유무역 원칙에는 동의합니다. 그러나 무역만 자유롭게 한다고 해서 사회가 저절로 정의로워지는 것은 아닙니다. 조지 선생님도 말씀하셨지만, 진짜 핵심은 세금이 공정해야 한다는 점입니다. 관세나 부가가치세처럼 생산 활동을 위축시키는 세금이 아니라, 토지세와 상속세처럼 불로소득을 겨냥한 세금이야말로 정당합니다. 그렇게 걷은 재원은 모든 시민에게 기본소득으로 돌아가야 합니다.

오늘날 미국을 보십시오. 트럼프 대통령의 미국 우선주의와 이른바 관세폭탄 정책은 자국 산업을 보호한다는 명분을 내세웠지만, 실제로는 소비자 물가를 끌어올리고 세계 무역 질서를 흔들었습니다. 또 이민자를 배척하는 정책으로 사회의 갈등과 차별을 키웠습니다. 그 사이 거대 기업과 상위 계층은 더 많은 부를 독점하고, 다수의 시민은 학자금 대출과 의료비, 불안정한 일자리로 고통받고 있습니다. 결과적으로 불평등은 심화되고, 미국의 재정적자 역시 줄지 않았습니다. 오히려 사회적 갈등과 경제적 부담이 함께 커진 것이지요.

지금 필요한 것은 단순한 무역정책의 변화가 아닙니다. 미국 사회 내부의 제도 자체를 다시 공정하게 세우는 일입니다. 누구나 노력한 만큼 기회를 얻고, 토지나 상속 같은 불로소득이 일부에게만 집중되지 않도록 제도를 고쳐야 합니다.

스펜서: 국제 경쟁 속에서 각국이 자국 산업을 보호하려는 것은 어느 정도 자연스러운 일입니다. 트럼프 대통령의 관세폭탄은 매우 과격한 방식이었지만, 그 안에는 자국민의 일자리와 산업 기반을 지키려는 정치적·경제적 본능이 담겨 있습니다.

그러나 저는 그러한 인위적 보호가 오히려 사회의 적응 능력을 떨어뜨린다고 봅니다. 지나친 보호무역은 소비자 부담을 늘리고, 장기적으로는 기업이 스스로 경쟁력을 키울 기회를 빼앗습니다. 따라서 국가는 언제, 어디까지 개입해야 하는지가 중요합니다. 제 생각에 정부가 시장에 과도하게 개입하기보다는, 개인과 기업이 세계 시장의 경쟁 속에서 자율적으로 적응하고 혁신을 통해 성장할 수 있는 환경을 마련하는 것이 바람직합니다. 적자생존의 원리야말로 사회를 진보로 이끄는 가장 확실한 길입니다.

조지: 스펜서 선생님, 경쟁을 강조하시는 말씀은 일리가 있습니다. 하지만 오늘날 우리가 마주한 경쟁은 이미 출발선이 기울어진 불공정한 경쟁입니다. 자본가들은 더 이상 공장에서 직접 물건을 만들지 않아도 됩니다. 금융과 부동산 같은 자산을 통해 막대한 이익을 챙기고 있습니다. 반대로 노동자들은 땀 흘려 일해도 집세와 대출 이자, 교육비와 의료비에 짓눌려 미래를 걱정해야 합니다.

미국 사회를 보십시오. 대기업과 월가의 금융자본은 사상 최대의 이익을 올리는데, 일반 시민들은 치솟는 집값과 학자금 대출, 의료비 부담 때문에 생활이 점점 더 팍팍해집니다. 이런 불평등을 가려보겠다고 관세 장벽을 높이는 것은 근본적인 해결책이 되지 못합니다. 관세는 오히려 소비자들에게 더 높은 물가 부담을 안기고, 국제 무역 질서를 불안하게 만들 뿐입니다.

진짜 문제의 뿌리는 소수 계층이 불로소득을 독점하는 구조에 있습니다. 토지에서 발생하는 막대한 이익이나 금융자산에서 나오는 이익이 소수에게만 돌아가면, 아무리 경쟁을 외쳐도 사회 전체가 건강하게 발전할 수 없습니다. 이 불로소득을 공정한 세금으로 환수하고, 그것을 사회 전체가 함께 나눌 수 있는 토대로 삼아야 합니다. 그래야만 자유무역이 소수 자본가의 특권이 아니라, 모든 시민에게 진정한 의미와 혜택을 줄 수 있습니다.

스펜서: 저는 자유무역이 사람들에게 꼭 필요한 목표라고 생각합니다. 하지만 실제로 그렇게 이루어지기는 쉽지 않습니다. 경쟁 속에서 강한 나라와 강한 개인이 앞서가고, 약한 쪽은 뒤처지는 것은 피할 수 없는 자연의 법칙과도 같습니다. 생태계에서 강한 종이 살아남듯이, 경제와 사회에서도 경쟁은 진보와 발전을 이끄는 동력이 됩니다.

그렇다고 해서 제도적 보완이 전혀 의미 없다는 건 아닙니다. 지나친 불평등이 사회 전체의 안정을 흔들 수 있다는 점은 저도 인정합니다. 경쟁의 기본 원리를 해치지 않는 범위 안에서 최소한의 공정성을 보장하는 장치를 마련하는 것은 어느 정도 필요할지도 모르겠습니다. 하지만 그 조치가 지나치게 확대되어 경쟁의 활력을 꺾는다면, 오히려 사회 전체가 퇴보할 위험이 있습니다. 중요한 것은 경쟁을 유지하면서도, 사회가 무너질 만큼 불균형하지 않도록 균형을 찾아가는 일일 것입니다.

아고라: 정말 마지막까지 토론의 열기가 뜨겁습니다. 아마도 청중께서 이 열기를 느끼실 수 있을 것 같습니다. 토론의 열기를 식히는 마음으로 제가 마무리 발언을 하겠습니다. 조지 선생님과 페인 선생님은 정의로운 과세의 방향을, 스펜서 선생님은 자유경쟁의 원리를 강조하셨지만, 마지막 주제에 대해서는 세 분 모두 트럼프식 보호무역이 근본적 해법은 아니라는 점에서는 의견이 비슷하시네요.

토지 소유의 정당성부터 최근 미국 정부의 보호무역 정책까지 폭넓은 주제를 다룬 오늘 토론에서 확인할 수 있는 것은 '토지는 누구의 것인가?'에 대한 답은 '우리가 어떤 사회를 만들어갈 것인가'와 직결된다는 사실인 것 같습니다.

소수의 독점인가, 모두의 공유인가. 투기의 대상인가, 삶의 터전인가. 선택은 우리의 몫입니다.

마지막으로 청중 여러분께 질문을 드리며 오늘의 '지혜의 광장'을 마무리하겠습니다. 여러분의 선택이 토지 정의의 미래를 결정할 것입니다.

❶ 토지는 사회가 만든 가치이므로, 불로소득은 토지세를 통해 환수해야 한다. – 조지형

❷ 토지는 모든 인간의 기본권과 생존권을 보장하는 기반이므로, 누구나 공정하게 이용할 수 있어야 한다. – 페인형

❸ 토지 소유는 자유와 책임의 원리에 따라 존중되어야 하지만, 사회 전체의 균형을 해치지 않도록 최소한의 제도가 필요하다. – 스펜서형

왜 우리는 꼭 필요하지도 않은 명품 가방을 갈망하고, 유행에 뒤처질까 봐 불안해하며, SNS에 올릴 멋진 사진을 위해 큰돈을 쓰는 걸까요? 어째서 물건의 실용적 가치보다 상표와 가격이 더 중요한 기준이 되어버렸을까요? 이처럼 끊임없는 과시와 모방의 경쟁으로 우리를 내모는 힘은 어디에서 비롯된 것일까요?

이 기묘하고 비합리적으로 보이는 현대 소비사회의 욕망을 날카롭게 해부한 사상가가 있습니다. 그는 부유층의 과시적 소비와 과시적 여가가 어떻게 사회의 가치 기준을 왜곡시키고, 평범한 사람들까지 그들의 생활방식을 따라 하게 만드는지 분석했습니다. 자본주의 사회의 화려한 겉모습 뒤에 숨겨진 비이성적 욕망을 폭로한 독창적인 사회학자, 소스타인 베블런을 만나봅시다.

소스타인 베블런
「유한계급론」

나 이런 사람이야!

소스타인 베블런,
당신은 누구?

'부자들은 왜 쓸데없이 비싼 물건을 살까?'

소스타인 베블런의 『유한계급론(有閑階級論, The Theory of the Leisure Class)』은 이름 그대로 '일하지 않으면서 소비와 과시를 통해 지위를 드러내는 계급'을 분석한 책입니다. 돈을 어떻게 버는가에 집중하는 기존의 경제학과 달리 베블런은 돈을 어떻게 쓰는가에 주목했습니다. 그는 소비가 단순한 생활 수단이 아니라 사회적 지위를 보여주는 신호라는 점을 날카롭게 파헤쳤습니다.

이 새로운 아이디어는 한 이단아 경제학자의 예리한 관찰력과 19세기 말 급격히 변모하던 미국 사회의 현실 속에서 탄생했습니다. 그 흥미로운 이야기 속으로 들어가볼까요?

베블런(Thorstein Bunde Veblen, 1857~1929)은 1857년 미국 위스콘신주의 작은 농장에서 태어났습니다. 부모는 노르웨이에서 이민 온 가난한 농부였고, 12명의 자녀를 둔 대가족은 모두가

베블런이 어린 시절을 보낸 농장.

농장 일을 도우며 검소하고 부지런하게 살아갔습니다.

어린 베블런은 집에서는 노르웨이어를, 학교에서는 영어를 사용하며 두 문화 사이에서 자랐습니다. 이런 환경은 그에게 독특한 관찰력을 길러주었습니다. 그는 항상 외부자의 시선으로 미국 사회를 바라보게 되었습니다. 농장에서 노르웨이 이민자 공동체의 단순하고 실용적인 생활을 하면서도, 도시로 나가면 미국 주류사회의 화려하고 과시적인 문화가 눈에 들어왔습니다. 이런 대조는 그에게 깊은 인상을 남겼습니다.

베블런은 18세 무렵 칼턴 칼리지에 입학했습니다. 당시 미국 경제학계에서는 존 베이츠 클라크(John Bates Clark) 같은 학자가 큰 영향력을 발휘하고 있었습니다. 클라크는 '사람들은 시장에서 합리적으로 행동한다'는 신고전파 경제학의 대표적 인물이

었지요. 하지만 베블런은 이런 생각에 고개를 갸우뚱했습니다.

'정말 사람들이 늘 이성적으로만 소비할까? 혹시 다른 이유도 있지 않을까?'

그는 사람들의 실제 생활을 유심히 관찰하며 의문을 키워갔습니다.

베블런은 캠퍼스에서 동급생들의 소비 행태를 유심히 관찰했습니다. 부유한 집안 출신 학생들은 실용성과는 무관한 비싼 옷을 입고 화려한 장신구를 하고 다녔습니다. 그들은 공부보다는 파티와 사교 활동에 더 많은 시간을 보냈습니다.

'저들은 왜 저렇게 행동할까? 단순히 허영심 때문일까? 아니면 그들의 소비에는 다른 사회적 의미가 숨어 있는 걸까?'

베블런의 호기심은 점점 커져갔습니다.

1884년 예일 대학에서 철학 박사 학위를 받은 베블런은 취업에 어려움을 겪었습니다. 그의 급진적 사고와 사회 비판적 성향 때문에 보수적인 대학들이 그를 기피했습니다. 결국 7년간 실업자로 지내며 가족 농장에서 독서와 사색에 몰두했습니다. 이 시기는 그에게 오히려 중요한 준비 기간이 되었습니다.

베블런은 인류학과 심리학 서적들을 탐독했습니다. 특히, 다윈의 진화론에 매료되었습니다.

'인간의 행동도 진화의 산물이다. 현재의 경제 제도와 소비 행태도 오랜 진화 과정의 결과일 것이다.'

그는 경제학을 생물학적 관점에서 재해석하려 했습니다.

1891년 코넬 대학에서 경제학을 공부하며 본격적으로 경제학으로 연구 방향을 바꾸고, 이듬해 시카고 대학에서 연구와 강의를 시작합니다. 당시 미국은 급속한 산업화·도시화로 인해 극심한 사회 변화를 겪고 있었습니다. 철강왕 앤드루 카네기, 석유왕 존 록펠러 같은 신흥 거대 자본가들이 등장했고, 이들의 화려한 생활은 신문의 단골 소재였습니다.

베블런은 이런 현상을 주의 깊게 관찰했습니다. 록펠러의 저택은 유럽 귀족의 성을 모방해 지어졌고, 카네기는 스코틀랜드의 고성을 통째로 사들였습니다.

19세기 상류층의 사교모임.

'왜 이들은 실용성과는 거리가 먼 물건들에 천문학적 돈을 쓸까?'

베블런은 이 현상의 사회적 의미를 파헤치기 시작했습니다. 그는 인류학 연구를 통해 힌트를 얻었습니다. 원시 부족에서 족장은 사냥한 고기를 혼자 먹지 않고 부족민들에게 나누어주며 자신의 지위를 과시했습니다. 북아메리카 원주민의 포틀래치(potlatch) 의식에서는 재물을 아예 태워버리거나 바다에 던져버리며 부를 과시했습니다.

'현대의 부자들도 마찬가지구나! 그들의 소비는 실용이 아니라 지위 과시가 목적이다.'

베블런은 이를 '과시적 소비'라고 명명했습니다. 부자들은 자신의 경제적 지위를 남들에게 보여주기 위해 비싼 물건을 산다는 것이었습니다. 더 나아가 그는 '과시적 여가'라는 개념도 제시했습니다. 부자들은 일하지 않고도 살 수 있다는 것을 보여주려고 의도적으로 비생산적인 활동에 시간을 보낸다는 것이었습니다.

1890년대 후반 베블런은 자신의 관찰과 분석을 체계화하기 시작했습니다. 그는 인류학·심리학·사회학의 최신 연구 성과들을 경제학과 결합하여 완전히 새로운 관점을 제시하려 했습니다. 특히 그는 인간의 경제 행동을 단순히 합리적 계산의 결과가 아니라 사회적·심리적 동기가 복합적으로 작용하는 결과로 보

있습니다.

1899년 베블런은 『유한계급론』
을 출간합니다. 책의 핵심 논제는
간단했습니다. 인간 사회에는 생
산적 노동에 종사하지 않으면서
도 사회적으로 존경 받는 유한계
급이 존재하며, 이들의 소비 패턴
이 사회 전체의 소비문화를 지배

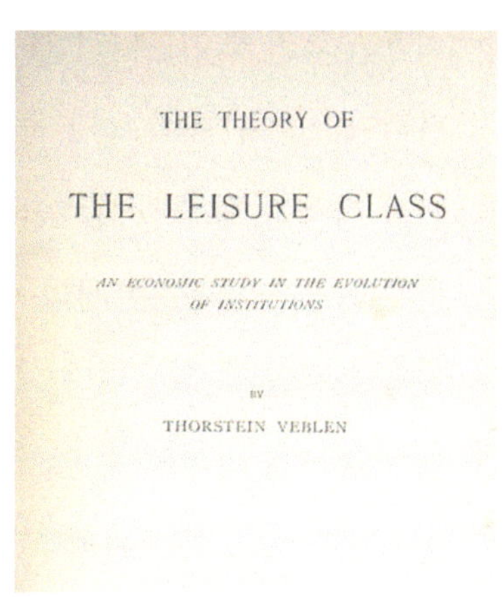

『유한계급론』 초판 1899.

한다는 것이었습니다. 그는 이를 과시적 소비와 과시적 여가라는
개념으로 설명했습니다.

과시적 소비는 물건을 사용하기 위해서가 아니라 단순히 다른
사람들에게 자신의 경제적 능력을 보여주기 위해 이루어집니다.
값비싼 옷, 고급 자동차, 거대한 집 등은 모두 소유자의 사회적
지위를 나타내는 상징이 됩니다. 중요한 것은 실용성이 아니라
가격과 희소성입니다. 그는 패션·예술·교육·종교까지도 계급 과시
의 도구로 분석했습니다.

이 책에서는 나중에 '베블런 효과(Veblen effect)'라고 불리게
되는 현상도 설명했습니다. 일반적으로 경제학에서는 가격이 오

르면 수요가 줄어든다고 가정하지만, 사치품의 경우에는 오히려 가격이 비쌀수록 수요가 늘어나는 경우가 있습니다. 이는 높은 가격 자체가 상품의 매력을 증가시키기 때문입니다. 예를 들어 같은 기능을 하는 두 개의 시계가 있다면, 사람들은 더 비싼 시계를 선호할 수 있습니다. 비싼 시계를 착용함으로써 자신의 경제적 능력을 과시할 수 있기 때문입니다. 이런 현상은 현대의 명품 시장에서도 쉽게 관찰할 수 있습니다.

베블런은 '스놉 효과(snob effect)'도 설명했습니다. 이는 다른 사람들이 많이 소비하는 상품을 피하고, 독점적이고 희소한 상품을 선호하는 현상입니다. 상류층은 대중이 접근할 수 있는 상품을 피하고, 자신들만이 소비할 수 있는 상품을 찾습니다. 이를 통해 자신들의 독특함과 우월함을 유지하려 하는 겁니다.

『유한계급론』은 1899년 출간 즉시 미국 사회에 큰 파장을 일으켰습니다. 부유층은 자신들의 허영과 위선이 적나라하게 폭로된 것에 분노했고, 주류 경제학자들은 그의 분석이 비과학적이라며 애써 무시했습니다. 하지만 그의 이론은 시대의 위선을 꿰뚫어보길 원했던 대중과 진보적 지식인들에게 열광적인 지지를 받았습니다. 베블런은 단숨에 시대의 이단아이자 가장 독창적인 사상가로 떠올랐습니다.

그러나 학문적 명성과는 별개로 그의 삶은 순탄치 않았습니다. 보수적인 대학 사회는 그의 기이한 성격과 급진적인 사상, 복잡한 사생활을 문제 삼아 그를 불편해했습니다. 이로 인해 그는 시카고 대학을 떠나 스탠퍼드, 미주리 대학 등으로 자리를 옮겨야 했고, 평생 학계의 아웃사이더로 남았습니다.

베블런은 여기서 멈추지 않았습니다. 그는 자본주의사회의 핵심 동력을 산업과 사업 사이의 갈등으로 분석했습니다. 인류의 복지를 증진시키는 효율적인 생산 활동인 산업은 기술자들이 이끌지만, 오직 금전적 이윤 극대화만을 추구하는 사업은 기업가들이 지배한다는 것이었습니다.

'기업가들은 이윤을 극대화하기 위해 때로는 생산을 의도적으로 억제하거나 방해하고 인위적으로 가격을 올린다. 이는 사회 전체의 생산성을 저해하는 약탈 행위다.'

1921년 베블런은 『기술자와 가격체계』에서 더욱 급진적인 주장을 펼쳤습니다. 그는 자본주의의 비효율과 낭비를 비판하며, 사회를 이윤 논리가 아니라 생산 효율성을 중심으로 운영해야 한다고 주장했습니다. 나아가 기술자들로 구성된 위원회가 사회 운영을 맡아야 한다는 파격적인 제안까지 내놓았습니다.

1920년대 내내 그는 월스트리트의 금융자본이 어떻게 실물 경제를 왜곡하고 부를 약탈하는지 날카롭게 비판했습니다. 하지만 그의 경고는 '광란의 20년대'라 불리던 경제 호황 속에서 철저하게 외면당했습니다.

마침내 1929년 월스트리트의 주가 대폭락으로 대공황이 터지자 세상은 뒤늦게 베블런의 이론을 다시 주목했습니다. 자본주의의 모순이 현실로 드러나면서 그의 시대를 앞서간 통찰이 재평가받기 시작한 것입니다.

하지만 베블런은 그 순간을 보지 못했습니다. 그는 대공황이 시작되기 바로 전 72세의 나이로 캘리포니아의 작은 오두막에서 쓸쓸히 세상을 떠났습니다. 그의 유언에 따라 장례식은 어떤 의식도 없이 간소하게 치러졌고, 그의 유해는 태평양이 보이는 산에 뿌려졌습니다.

'과시적 소비를 비판한 사람의 장례식이 화려할 이유는 없다.'

과시적 소비와 과시적 여가를 평생 비판했던 학자다운 조용하고 소박한 마지막이었습니다.

『유한계급론』
핵심 쏙쏙!

베블런의 『유한계급론』은 소비사회의 본질을 꿰뚫어본 혁신적인 경제학 고전입니다. 특히 부자들의 소비가 실용 목적이 아니라 자신의 지위를 드러내려는 과시 수단이라는 통찰은 오늘날에도 여전히 뜨거운 논쟁을 불러일으킵니다.

과시적 소비가 지위를 보여준다

베블런은 부유층의 소비 패턴을 날카롭게 포착했습니다. 록펠러가 유럽 귀족의 성을 본뜬 저택을 짓고, 카네기가 스코틀랜드 고성을 통째로 사들이는 것은 실용적인 목적 때문이 아니고, 단순한 취향 때문도 아니었습니다. 그것은 자신의 경제적 지위를 과시하기 위한 행위였습니다. 값비싼 명품, 호화로운 저택, 고급 자동차는 모두 '나는 이런 것을 살 수 있을 만큼 부유하다'라는 신호로 작동합니다. 베블런은 이를 과시적 소비라고 했는데, 현대 사회에서도 여전히 유효한 통찰이었습니다

과시적 여가가 계급을 구분한다

과시적 여가라는 개념도 제시합니다. 베블런은 부유층이 단순히 값비싼 물건을 사는 데 그치지 않고, 일하지 않고도 살아갈 수 있다는 사실을 드러내려고 의도적으로 비생산적인 활동에 시간을 쏟는다고 분석했습니다. 골프, 승마, 사교 파티, 장기간의 해외여행 같은 활동은 그 자체로 큰 비용과 시간을 요구합니다. 경제적 생산과는 무관한 이런 활동들은 '나는 노동에 얽매이지 않는 계층'이라는 메시지를 전달합니다.

베블런은 여가를 단순한 휴식이 아니라 계급적 지위를 드러내고 사회적 경쟁이 벌어지는 무대로 규정하며, 근대 자본주의 사회에 감춰진 권력 구조를 예리하게 드러냈습니다.

유한계급 여성은 살아 있는 장식품이다

베블런은 특히 부유층 여성의 사회적 역할을 신랄하게 해부했습니다. 그는 상류층 여성이 입는 옷과 장식품이 단순히 미적 취향의 결과가 아니라고 보았습니다. 예컨대 코르셋은 아름다움을

위한 옷이 아니라, 몸을 조여 움직임을 제한함으로써 여성 스스로가 생산 활동에 전혀 참여할 수 없다는 사실을 드러내는 장치였습니다. '나는 노동할 필요가 없는 계급에 속한다'는 신호였던 것이죠. 베블런은 이를 두고 '여성의 의복은 남편이나 아버지의 재력을 보여주는 역할을 한다'라고 말했습니다. 여성이 자신의 미적 표현을 넘어, 남편이나 아버지의 부와 지위를 과시하는 살아 있는 광고판으로 기능했다고 본 겁니다. 이렇게 그는 자본주의사회의 성별 불평등과 계급적 위선을 동시에 폭로했습니다.

모방을 통해 계급 문화가 확산된다

그는 인간의 모방 심리가 사회 전반의 소비 패턴을 움직이는 핵심 동력이라고 보았습니다. 사람들은 단순히 생존을 위해 소비하는 것이 아니라, 자신보다 높은 계층의 생활방식을 따라 하고 싶은 욕망 때문에 소비를 합니다. 하층민은 상류층을 동경하며 그들의 생활 방식을 모방하려 하고, 중산층은 상류층의 취향을 따라갑니다. 노동자 계급 역시 중산층을 따라잡으려 애씁니다. 이렇게 계층별로 이어지는 모방의 사슬 속에서 과시적 소비는 사회 전체로 확산됩니다.

문제는 이 경쟁이 결코 끝나지 않는다는 점입니다. 아래 계층이 위를 따라잡으려 하면, 위 계층은 즉시 더 높은 수준의 소비를 과시하며 간격을 벌려 놓습니다. 결국 사회 전체가 얼마나 비싼가를 소비의 기준으로 삼게 되고, 사람들은 실용성과 필요보다 가격과 희소성만을 따지는 함정에 빠집니다. 그는 이러한 끝없는 소비 경쟁이 개인의 삶을 불안정하게 만들고, 사회 자원의 낭비를 초래하며, 자본주의의 구조적 모순을 드러낸다고 비판했습니다.

원시사회에서도 과시는 존재했다

베블런은 경제학자의 눈을 넘어, 인류학적 관점에서 인간의 과시 행동의 기원을 추적했습니다. 그는 과시적 소비가 단순히 근대 자본주의의 산물이 아니라, 오래전 원시사회에서도 나타났던 보편적 행태라고 보았습니다.

원시 부족에서 족장은 사냥한 고기를 혼자 독점하지 않고 부족민들에게 나누어줍니다. 이것은 단순한 나눔이 아니라, 자신이 얼마나 많은 것을 획득할 능력이 있는지를 드러내며 지위를 과시하는 행위였습니다. 족장의 관대함은 권력의 표시였던 거지요.

가장 대표적인 사례가 북서부 아메리카 원주민의 포틀래치(potlatch) 의식입니다. 이 전통 행사에서 족장이나 부자는 큰 잔치를 열어 손님들에게 풍성한 음식을 대접하고, 옷·도구·장신구 같은 귀중한 재물을 아낌없이 나눠주었습니다. 더 나아가 경쟁적으로 재물을 불태우거나 바다에 던져버리기까지 했습니다. 목적은 나눔이 아니라 '나는 이 정도 낭비를 해도 괜찮을 만큼 부유하다'는 사실을 드러내는 데 있었습니다. 포틀래치에서는 더 많이 주고, 더 과감하게 낭비할수록 족장의 지위가 올라갔습니다.

베블런은 이 같은 원시적 과시 행태와 현대사회의 소비문화를 연결했습니다. 오늘날 사람들이 명품 가방, 고급 시계, 슈퍼카를 사는 것도 실용성 때문이 아니라, 낭비를 통해 우월한 지위를 드러내려는 심리적 메커니즘이라는 것이죠. 포틀래치에서 불태운 재물과 현대의 사치품은 본질적으로 같은 기능을 합니다. 과시적 소비가 단순한 개인의 취향이 아니라 인류 역사 깊숙이 뿌리내린 사회적 지위 경쟁의 산물이라는 것을 보여주었습니다

금전적 경쟁이 사회를 지배한다

그는 근대 자본주의 사회를 금전적 경쟁 사회로 규정했습니다. 인간은 더 이상 단순히 생존을 위해 싸우지 않고, 누가 더 높은 사회적 지위를 차지하는가를 놓고 끝없는 경쟁을 벌입니다. 그 기준은 실용성이나 필요가 아니라, 오직 얼마나 비싸 보이는가입니다. 베블런은 현대인의 행동은 대부분 이 기준에서 벗어나지 못한다고 분석했습니다.

이런 경쟁은 사회 전체의 자원을 비효율적으로 낭비하게 만듭

니다. 특히 상류층, 곧 유한계급은 자신들의 낭비를 정당화하기 위해 그것을 품위라는 이름으로 포장합니다. 복잡하고 까다로운 식사 예절은 실제 식사 효율과는 무관하지만, 그 의례를 숙지하고 수행할 수 있다는 것 자체가 계급적 상징이 됩니다. 여성들의 불편하지만 우아하게 보이는 의복, 고전어 교육이나 예술 교양 교육 역시 마찬가지입니다. 실용적 가치보다 시간과 돈을 낭비할 수 있는 여유를 드러내는 방식이라는 거죠.

또한 값비싼 예술품 수집, 대저택 건축, 호화로운 파티, 심지어 자선 활동까지도 베블런은 일종의 과시로 보았습니다. 겉으로는 고상하고 숭고해 보이지만, 실제로는 '나는 이렇게 낭비할 수 있다'는 신호라는 겁니다. 품위 있는 삶이라는 말조차도 결국은 낭비를 합리화하는 또 다른 이름일 뿐이라는 거지요.

관습이 경제 행동을 결정한다

고전 경제학은 인간이 이익을 극대화하기 위해 계산적으로 행동한다고 보았지만, 베블런은 사람들은 실제로 그렇게 움직이지 않는다고 지적했습니다.

그의 눈에 비친 인간은 무엇보다도 습관의 동물이었습니다. 사람들의 경제 행동은 철저히 합리적인 계산의 결과라기보다, 오랜 세월 쌓여온 사회적 관습, 문화적 규범, 계급적 습관에 의해 결정된다고 보았습니다. 명품 소비, 불편한 의복, 까다로운 식사 예절 등은 모두 경제적으로 비효율적이지만, 특정 사회에서 자연스럽게 굳어진 습관이기 때문에 지속되는 것이라는 겁니다.

경제 제도 자체도 고정불변의 것이 아니라 진화하는 습관의 산물이라고 보았습니다. 경제는 단순한 수학적 법칙으로 설명할 수 있는 기계적 체계가 아니라, 사회적 맥락 속에서 끊임없이 변하고 적응하는 역사적·문화적 제도라는 겁니다.

그래서 베블런은 경제학이 수학적 모델이나 추상적 공식에만 매달려서는 인간 사회를 제대로 이해할 수 없다고 강조했습니다. 경제학은 인간이 만들어낸 제도, 문화, 가치관, 심리적 동인을 폭넓게 고려해야 한다고 주장했습니다.

보여주기 위해 산다

우와…
이 명품가방 너무 예쁘다…
나도 어른이 되면
이런 거 하나 사고 싶어.

하하하!
명품가방이 갖고 싶어?
너도 '유한계급'을
따라하고 싶어진 거니?
베블런!
무슨 소리야?

명품이 아니어도
예쁘고 질 좋은 가방은 많은데,
사람들은 100배는 더 비싼
명품을 왜 살까?
그… 글쎄….
10 만원
1000 만원

답은 바로
자신의 지위를 보여주려는 거야!
가방의 명품 로고가
'나는 이걸 살 수 있다' 는
메시지와 같거든.

일하지 않아도 되는 계층을
'유한계급'이라고 하는데,
이들은 소비와 여가로
지위를 과시하려고 해.

골프, 승마, 파티와 같은
비싸고 비생산적인 활동들 있지?
이 같은 활동들도
'나는 일할 필요가 없다' 를
과시하는 거야!

유한계급 여성들이
불편한 코르셋을 입어야 했던
이유도 남편들이 '내 아내는 일
안 해도 된다'는 부를 과시하기
위해서였지.

이 과시는 유한계급만이
하는 게 아냐! 하위계층은
상위계층을 따라서 같은 옷을
입고 같은 행동을 하려 해,
이걸 낙수효과라고 하지.

요즘은 SNS로
쉽게 부를 과시할 수 있잖아?
그렇게 더 많은 사람들이
따라하고 싶은 욕구를 느끼게
되어 경쟁적인 과시가
일어나게 되지.
맞아
확실히….
13,746 155

이제 멋있고 예쁘게만 보였던
명품 자랑도 다르게 보여…
자신의 지위를 과시하려는
행위였다니….
이제 소비의
진짜 이유를
알겠니?

그러면 지금 과열되고 있는 과시 경쟁은 대체 언제까지 이어질까?
그거야 당연히…

다 부질없다는 걸 자각하는 순간까지겠지! 하하하!
나는 그냥 실용적인 가방을 사야겠다!

돈이 인간을
행복하게 만드는가?

토론자

베블런 Thorstein Bunde Veblen 1857~1929
짐멜 Georg Simmel 1858~1918
세네카 Seneca B.C. 4년경~ A.D. 65

민주시민의 경제적 역량을 키울 수 있는 빛나는 책의 저자를 모시고 인류 역사의 쟁쟁한 지성들과 함께 토론하고 지혜를 나누는 '지혜의 광장'에 오신 것을 환영합니다. 저는 사회자 아고라입니다. 오늘 우리는 소비사회의 본질을 꿰뚫어 본 소스타인 베블런의 『유한계급론』을 중심으로, '돈이 인간을 행복하게 만드는가?'라는 근본적 질문에 대해 이야기 나누고자 합니다.

먼저 토론자 두 분을 소개해드리겠습니다.

짐멜 선생님은 독일의 대표적 사회학자로, 근대 도시와 문화, 인간관계의 본질을 탐구했습니다. 특히 『화폐의 철학』에서 화폐가 단순한 교환 수단을 넘어 인간의 사고방식과 사회적 관계를 어떻게 바꾸는지 깊게 분석했습니다. 화폐는 인간을 자유롭게 하지만 동시에 관계를 계산적으로 만들고, 문화와 가치의 성격까지 변화시킨다고 지적했습니다.

세네카 선생님은 로마 시대의 대표적 스토아철학자로, 정치가이자 사상가였습니다. 『행복한 삶에 대하여』, 『인생의 짧음에 대하여』 등에서 행복은 외부의 부나 권력에서 얻는 게 아니라, 마음의 평화와 이성적인 삶에서 비롯된다고 설파했습니다. 부는 삶을 편리하게 할 수는 있어도 진정한 행복을 주지는 못하고, 오히려 집착과 불안을 낳는다고 비판했습니다.

오늘 토론에 세 분을 특별히 모신 이유가 있습니다.

먼저 베블런 선생님은 부와 소비가 단순한 생활의 도구가 아니라, 사회적 지위를 과시하는 수단으로 변해버린 현실을 예리하게 분석하셨습니다.

여기에 짐멜 선생님은 돈이 단순히 물건을 사고파는 교환 수단이 아니라, 우리의 사고방식과 인간관계의 본질까지 바꿔놓는 힘을 지녔음을 밝혀주셨습니다.

그리고 세네카 선생님은 시대를 뛰어넘어 묻습니다. 과연 부를 향한 끝없는 욕망이 인간을 행복으로 이끄는가, 아니면 오히려 더 큰 불행으로 이끄는가?

이렇게 세 분의 시선이 만날 때, 우리는 소비사회의 화려한 겉모습과 그 속에 숨어 있는 작동 원리, 그리고 궁극적으로 행복이라는 본질적 질문까지 함께 탐구할 수 있을 것입니다.

이제 본격적으로 토론을 시작하겠습니다.

1. 과시적 소비의 심리학

아고라: 현대사회에서는 명품, 고급차, 럭셔리 여행 등 과시적 소비가 일상화되어 있습니다. 특히 SNS에는 자신의 소비를 자랑하는 게시물들이 넘쳐납니다. 한국에서도 '플렉스(Flex)' 문화가 젊은 세대 사이에서 확산되고 있죠. 단순한 소비를 넘어 경제력의 과시가 하나의 문화가 되고 있습니다. 이런 현상을 어떻게 봐야 할까요?

베블런: 이는 제가 120여 년 전에 『유한계급론』에서 이미 분석한 바로 그 현상입니다. 사람들은 필요한 물건을 사는 것이 아니라 남들에게 보여주기 위해 소비합니다. SNS는 이런 과시적 소비를 더 강하게 부추깁니다. 예전에는 동네 사람이나 주변 지인에게만 과시하면 됐지만, 이제는 인스타그램, 유튜브, 틱톡을 통해 전 세

계인이 지켜보는 무대에서 과시하게 된 겁니다. '좋아요'와 '댓글'은 새로운 형태의 사회적 보상입니다. 더 많은 관심을 끌기 위해 점점 더 극단적이고 자극적인 소비를 하게 됩니다. 한국에서 유행하는 플렉스 문화는 바로 이런 과시적 소비의 최신 버전입니다.

짐멜: 베블런 선생님의 진단에 전적으로 공감합니다. 다만 저는 여기에 한 가지 더 덧붙이고 싶습니다. 화폐는 교환을 위한 수단만이 아니라, 자유와 개성을 표현하는 도구이기도 하다는 겁니다.

사람들이 명품을 사는 이유는 과시욕도 있지만, 동시에 자신의 정체성과 취향을 드러내려는 욕망도 있습니다. 그래서 어떤 이는 구찌 가방을 통해 트렌디함을, 다른 이는 빈티지 시계를 통해 클래식한 취향을 드러내는 거지요.

그러나 문제는 화폐가 모든 가치를 숫자와 가격으로 환산해버린다는 겁니다. 예술, 사랑, 우정까지도 돈으로 평가하려고 하면, 인간 삶의 진정한 가치들이 사라져버리고 맙니다. 소비를 통해 자신을 표현할 수는 있지만, 동시에 돈의 지배에서 벗어나기 어려운 아이러니에 빠지게 되는 것이죠.

세네카: 저는 더 근본적인 질문을 던지고 싶습니다. 과시적 소비든, 개성 표현이든, 결국 그것은 외부의 인정에 의존하는 삶 아닙니까?

진정한 행복은 외부에서 오는 것이 아니라 내면의 평정에서 옵니다. 아무리 비싼 물건을 가져도 마음이 만족하지 않으면 인간은 끝없이 더 많은 것을 원하게 됩니다. 그 결과 불안과 질투에 시달리게 되지요. 현명한 사람은 자신에게 꼭 필요한 것이 무엇인지 알고, 그것에 만족할 줄 아는 사람입니다. 검소하게 살더라도 평온한 마음을 가지는 것이 진정한 부유함입니다.

아고라: 하버드대의 길버트(Daniel Gilbert) 교수도 『행복에 걸려 비틀거리다』에서 사람들이 물질적 소비의 행복 효과를 과대평가한다고 지적했습니다. 실제 연구들을 보면 일정 수준 이상의 소득에서는 돈과 행복의 상관관계가 약해진다는 거죠. 기본적인 필요를 충족하는 데까지는 돈이 행복을 크게 높여주지만, 그 이상을 넘어서는 소비는 행복을 오래 유지시키지 못한다는 겁니다.

플렉스 문화와 명품 열풍에 빠진 사람들도 순간적인 만족은 얻지만, 곧 다시 새로운 소비를 갈망하게 되는 악순환에 빠지게 될 수도 있겠습니다.

2. 화폐와 인간관계

아고라: 돈이 인간관계에 미치는 영향은 어떨까요? 요즘 한국에서는 금수저, 흙수저 같은 표현이 유행할 정도로 경제적 배경이 인간관계를 규정하는 경우가 많습니다. 학연·지연보다 부모의 경제력, 집값, 자산 격차가 사람들의 관계와 삶의 기회를 좌우하는 현실인데요.

짐멜: 화폐는 인간관계를 근본적으로 변화시켰습니다. 전통 사회에서는 사람들이 직접적이고 감정적인 관계를 맺었지만, 화폐경제에서는 모든 관계가 계산적이고 객관적으로 변했습니다. 개인의 자유를 증진시키는 측면도 있지만, 동시에 인간관계를 차갑고 메마르게 만들기도 한 겁니다. 친구나 연인도 능력과 지위에 따라 평가받게 되고, 금수저, 흙수저 같은 말이 유행하는 것도 화폐가 사회적 지위를 객관적 수치로 환산해버린 결과입니다. 이렇게 돈은 사람들을 자유롭게도 하지만, 분열시키기도 합니다.

베블런: 맞습니다. 특히 결혼과 연애에서 이런 현상이 두드러지게 나타납니다. 상대방의 인격이나 성품보다 경제적 능력을 먼저 평가하는 풍조가 점점 강해지고 있습니다. 데이트 비용, 명품 선

물, 예물, 신혼집 마련 같은 요소들이 모두 사랑의 본질을 가리는 과시적 소비의 도구로 변질된 것이지요.

사람들은 진정한 애정이나 가치관의 조화를 확인하기보다, 사회적 체면과 외부의 시선을 더 중시합니다. 명품 반지, 초고급 호텔 웨딩, 화려한 예식장은 단순한 낭비가 아닙니다. 그것은 '우리는 이 정도의 수준과 계층에 속한다'는 사회적 지위의 선언인 셈입니다.

이것은 유한계급이 즐기던 과시 문화가 점차 사회 전체로 확산된 결과입니다. 결혼이라는 가장 사적이고 친밀해야 할 관계마저 소비와 지위 경쟁의 무대로 바뀌어버린 것입니다. 사랑은 본래 사람과 사람 사이의 깊은 유대여야 하지만, 현대사회에서는 그것마저 시장의 논리와 과시적 소비의 압력 속에 휘말려버린 셈입니다.

세네카: 돈이 인간관계를 해치는 것은 사실이지만, 그렇다고 돈 자체가 악한 것은 아닙니다. 문제는 돈에 대한 우리의 태도입니다. 돈을 삶의 궁극적 목적이나 행복의 기준으로 삼는다면, 탐욕과 시기심이 생기고 인간관계가 쉽게 왜곡될 수 있습니다. 하지만 돈을 올바른 수단으로 활용하면, 그것은 선한 도구가 될 수 있습니다. 가난 때문에 고통 받는 사람을 도울 수 있고, 교육과 문화 활동을 지원함으로써 사회 전체의 삶을 풍요롭게 할 수도

있습니다. 중요한 것은 돈에 지배당하지 않고 돈을 다스리는 삶을 사는 것입니다.

아고라: 선생님들의 이야기를 듣다 보니 슬픈 현상이 떠오르네요. 대한민국의 많은 젊은이들이 연애, 결혼, 출산, 내 집 마련 등 삶의 중요한 것들을 경제적인 어려움 때문에 포기하고 있습니다. 이들을 'N포 세대'라고 부르기도 합니다. 한 사회의 미래인 청년들이 희망을 잃고 많은 것을 포기하는 이런 현상을 세 분께서는 어떻게 진단하십니까?

베블런: N포 세대의 등장은 사회의 병적인 경쟁 구조가 파산에 이르렀음을 보여주는 명백한 증거입니다. 제가 보기에 그들이 포기하는 것은 단순히 연애나 결혼 그 자체가 아닙니다. 그들은 이 사회가 성공의 증표로 요구하는 과시적 의례를 수행할 능력을 포기하는 것입니다. 남들만큼의 근사한 데이트, SNS에 자랑할 만한 결혼식, 값비싼 유모차와 아파트⋯. 이 모든 것은 생존의 필수품이 아니라, 자신의 금전적 지위를 남에게 증명하기 위한 '체면 소비'입니다. 청년들은 이 무의미하고 약탈적인 경쟁의 최하층으로 내몰린 희생자들입니다. 그들은 경쟁에서 이길 수 없음을 깨닫고, 아예 경쟁 자체를 포기하는 쪽을 선택한 것입니다. 이것은 개인의

나약함이 아니라, 생산적인 노동보다 금전적 과시를 더 높게 쳐주는 이 사회 제도의 야만성 때문에 벌어지는 비극입니다.

짐멜: N포 세대는 모든 것이 돈으로 측정되는 냉혹한 현실 앞에서, 자신의 존재 가치마저 위협받는 세대입니다. 돈이 없으면 사회가 요구하는 최소한의 자격조차 갖출 수 없다는 무력감, 즉 자아의 빈곤에 시달리는 것입니다. 그들의 포기는 단순한 경제적 선택이 아니라, 돈이 모든 것을 지배하는 세상에서 소외되고 내면의 가치를 박탈당한 영혼의 외침이라고 보아야 합니다.

세네카: N포 세대라는 말 자체가 이미 소유를 기준으로 삶을 재단하는 잘못된 전제에서 출발합니다. 그들이 진정으로 해야 할 것은 더 많은 것을 소유하기 위해 발버둥 치거나, 갖지 못했다고 좌절하며 포기하는 것이 아닙니다. 오히려 무엇이 진정으로 가치 있는 것인지 스스로 묻고, 자신의 내면에서 행복의 기준을 찾는 전환이 필요합니다.

3. 소비주의와 환경 문제

아고라: 한편 과도한 소비는 인간관계 문제를 넘어 환경 파괴의

주요 원인이기도 합니다. 개인 제트기, 대형 요트, 초호화 주택 같은 부유층의 소비는 엄청난 탄소를 배출하죠. 기후변화 시대에 이런 소비를 어떻게 봐야 할까요?

베블런: 이것이야말로 과시적 소비가 낳는 가장 심각한 부작용입니다. 사람들이 사회적 지위를 과시하기 위해 불필요한 소비를 반복하는 순간, 그 결과는 단순히 개인의 낭비에 그치지 않습니다. 그것은 인류 전체가 짊어져야 할 환경 파괴로 이어집니다.

예컨대 개인 전용 제트기 한 대가 비행할 때 내뿜는 탄소량은 수천 명의 시민이 1년 동안 배출하는 양과 맞먹습니다. 대형 요트나 초호화 저택도 마찬가지입니다. 이처럼 엄청난 환경 비용이 따르지만, 이런 소비를 즐기는 부유층은 이를 거의 고려하지 않습니다. 지위를 과시하는 욕망이 환경의 지속 가능성보다 우선한다고 믿기 때문입니다.

그 결과 과시적 소비는 단순한 자원 낭비를 넘어, 인류 전체가 직면한 기후 위기와 환경 재앙을 가속화하는 행위가 됩니다. 호화로운 생활을 통한 지위 경쟁은 개인의 문제를 넘어 지구적 차원의 위협이 되는 것이지요. 우리는 더 이상 과시적 소비를 개인의 취향이나 선택 문제로 치부할 수 없습니다. 그것은 모두가 함께 해결해야 할 환경적·사회적 과제입니다.

짐멜: 저도 비슷한 우려를 가지고 있습니다. 현대의 소비주의는 '더 많이, 더 크게, 더 빠르게'라는 양적 확대의 논리에 집착해왔습니다. 하지만 이런 양적 사고가 곧 환경 파괴의 뿌리이기도 합니다. 우리가 추구해야 할 것은 단순한 양적 축적이 아니라 질적 전환입니다. 소유보다는 경험을, 물질적 소비보다는 정신적 성취를 중시하는 문화가 필요합니다. 화폐는 원래 교환의 수단이었지만, 이제는 모든 가치가 화폐 단위로만 환산되는 상황을 낳았습니다. 이 양적 환산의 지배에서 벗어나, 질적 가치를 존중하는 사회로 전환하지 않는다면 환경 문제는 결코 해결될 수 없습니다.

세네카: 스토아철학은 오래전부터 '자연에 따른 삶'을 강조해왔습니다. 인간은 자연을 지배하는 존재가 아니라 그 일부이므로, 자연과 조화를 이루며 살아야 합니다. 무절제한 욕망은 자연의 질서를 파괴할 뿐 아니라 인간 자신의 영혼마저 병들게 합니다.

진정한 부자는 더 많이 소유한 사람이 아니라 더 적게 필요로 하는 사람입니다. 요즘 젊은 세대가 추구하는 '미니멀 라이프'나 '제로 웨이스트' 운동은 바로 이런 지혜와 맞닿아 있습니다. 제가 자주 인용하는 말이 있습니다.

"부자가 되는 방법은 두 가지다. 더 많이 갖거나, 더 적게 원하거나."

저는 후자가 훨씬 더 현명한 길이라고 믿습니다. 자연과의 조화 속에서 절제를 배우는 삶이야말로 환경을 지키고 인간을 지키는 길입니다.

4. 디지털 시대의 새로운 과시

아고라: 디지털 시대에는 새로운 형태의 과시가 나타나고 있습니다. 팔로워 수, 좋아요 수, 구독자 수 등이 새로운 지위의 상징이 되고 있죠. 플랫폼 기업들이 인간의 관심과 데이터를 상품화하고 있다는 비판도 있고요. 이 문제를 어떻게 봐야 할까요?

베블런: 본질은 변하지 않았습니다. 사람들이 지위를 드러내고자 하는 욕망은 시대가 바뀌어도 여전히 강력하게 작동합니다. 달라진 것은 과시의 도구와 무대일 뿐입니다. 과거에는 값비싼 보석, 명품 의상, 대저택이나 사치스러운 연회 같은 물질적 재화가 사회적 지위를 과시하는 상징의 전부였다면, 오늘날에는 그것이 디지털 지표로도 옮겨갔습니다. '팔로워 10만 명', '조회 수 100만', '좋아요 수' 같은 숫자가 새로운 과시의 도구가 된 것입니다. 인플루언서들이 명품 가방을 들고 고급 여행지를 배경으로 찍은 사진을 올리는 것은 제가 말했던 고전적 과시 소비의 디지털 버전

에 지나지 않습니다.

그러나 중요한 차이도 있습니다. 과거에는 과시가 주로 지역 사회나 특정 계층 내부에서만 이루어졌습니다. 하지만 지금은 다릅니다. SNS와 디지털 플랫폼은 개인이 전 세계 무대를 향해 24시간 실시간으로 자신을 드러낼 수 있게 만들었습니다. 이로 인해 과시는 더욱 빠르고, 넓게, 강하게 확산됩니다. 개인은 끊임없이 비교와 경쟁 속에 놓이게 되고, 소비는 단순한 생활의 수단이 아니라 사회적 지위 게임의 무기로 변질됩니다.

이렇게 디지털 시대의 과시는 단순한 개인의 선택 문제가 아니라, 플랫폼 구조와 사회적 압력이 결합된 새로운 형태의 소비문화입니다. 그리고 이 문화는 사람들의 욕망을 더욱 자극하고, 소비 경쟁을 끝없이 가속화시키고 있습니다.

짐멜: 디지털 시대의 과시는 단순히 물건만의 문제가 아닙니다. 이제는 정보, 네트워크, 경험 자체가 과시의 대상이 됩니다. '나는 이런 지식을 알고 있어', '나는 이런 유명인과 연결돼 있어', '나는 남들이 가지 못한 곳에 다녀왔어.' 이런 지식·인맥·경험의 과시는 SNS에서 끊임없이 반복되며 새로운 사회적 위계를 만듭니다. 이로 인해 전통적인 소득 격차와는 다른 차원의 불평등이 생겨납니다. 단순히 돈의 많고 적음이 아니라, 디지털 자본—주목

받을 수 있는 콘텐츠, 알고리즘 접근권, 온라인 영향력—을 가진 자와 그렇지 못한 자의 격차가 커지고 있습니다. 이것은 근대 산업사회의 계급 구도와는 다른 플랫폼 불평등이라는 새로운 문제를 낳고 있습니다.

세네카: 디지털 과시는 더욱 허망합니다. 물질적 재화는 적어도 실체가 있지만, 디지털 지표들은 숫자에 불과하며 언제든 사라질 수 있습니다. 팔로워나 좋아요 수에 의존하는 삶은 모래 위에 집을 짓는 것과 같습니다. 스토아철학은 오래전부터 외부의 인정이 아닌, 자기 내면의 이성을 따를 것을 강조했습니다. 다른 사람의 클릭과 시선을 얻기 위해 사는 삶은 끝없는 불안과 공허를 낳습니다. 진정한 행복은 외부의 숫자가 아니라, 자신이 옳다고 믿는 삶을 살아가는 평정심에서 비롯됩니다.

5. 진정한 부와 행복

아고라: 어찌 보면 이 질문이 가장 근본적인 질문이 될 것 같은데요. 그렇다면 진정한 부와 행복은 무엇일까요? 돈과 물질적 풍요 없이도 행복할 수 있을까요?

세네카: 반복해서 말하지만 진정한 부는 마음의 평안입니다. 외부의 상황이나 타인의 평가에 흔들리지 않고, 자기 내면에서 만족을 찾을 줄 아는 힘이지요. 물론 최소한의 물질적 필요는 충족되어야 합니다. 그러나 그 이상의 재산은 오히려 영혼을 억누르는 짐이 될 수도 있습니다. 가장 부유한 사람은 가장 적게 필요로 하는 사람입니다. 진정한 행복은 덕을 실천하고 지혜를 추구하는 데서 옵니다. 건강, 우정, 사랑, 지혜 같은 것들이야말로 돈으로는 살 수 없지만 삶을 풍요롭게 하는 진짜 보물입니다. 많은 부자들이 막대한 재산을 소유하고 있음에도 불구하고 불안과 불만에 시달리는 반면, 가진 것이 적더라도 마음이 평안한 사람은 진정한 행복을 누립니다.

짐멜: 세네카 선생님 말씀은 한결같네요. (웃음) 하지만 현대사회는 좀 더 복잡합니다. 화폐는 단순한 교환 수단을 넘어 자유를 확장하는 도구이기도 합니다. 경제적으로 독립해야 비로소 자신의 개성을 발휘할 수 있고, 스스로 원하는 삶을 살 수 있습니다. 문제는 사람들이 돈을 수단이 아니라 목적으로 삼는 데 있습니다. 돈 자체만 바라보면 끝없는 경쟁과 불안에 빠지지만, 돈을 자신이 추구하는 가치와 결합할 수 있다면, 그것은 해방의 열쇠가 됩니다. 저는 진정한 부란 자신의 개성과 취향을 자유롭게 표현

할 수 있는 능력이라고 생각합니다. 여행을 통해 세상을 배우고, 예술을 통해 자기를 표현하며, 교육을 통해 성장하는 일들은 단순한 소비가 아니라 자유와 개성의 실현이지요.

베블런 : 두 분 말씀처럼 개인 차원에서 내적인 평안과 자유를 찾는 일은 분명 소중합니다. 하지만 사회적 차원에서 본다면 구조적 문제를 외면할 수 없습니다. 제가 강조한 과시적 소비는 단순히 개인의 취향이나 선택에서 비롯된 것이 아닙니다. 그것은 사회적 압력과 제도적 환경이 만들어낸 산물입니다. 끊임없이 경쟁을 부추기는 광고와 마케팅, 성공이라는 이름으로 주입되는 사회적 기준이 사람들을 과시 경쟁으로 몰아넣고 있습니다. 사람들은 필요 이상의 소비를 통해 자신의 지위를 드러내려 하고, 이는 끝없는 비교와 불만족을 낳습니다.

그렇다면 진정한 부란 무엇일까요? 저는 그것이 일부가 호화로운 생활을 과시하는 데 있지 않다고 봅니다. 진정한 부는 모든 사람이 최소한의 존엄과 안정을 누리며 살아갈 수 있는 사회를 만드는 데 있습니다. 이를 위해서는 개인의 의식 변화만으로는 부족합니다. 소득 불평등을 완화하고, 공정한 분배구조를 세우며, 환경을 파괴하지 않는 지속 가능한 소비 시스템을 구축하는 제도적 개혁이 함께 이루어져야 합니다.

이런 변화가 뒤따를 때 비로소 부와 행복은 소수의 특권을 넘어 사회 전체로 확산될 수 있습니다. 진정한 번영은 개인의 과시가 아니라 모두가 함께 존중받으며 살아가는 사회에서만 실현될 수 있는 것입니다.

6. 미래의 소비문화

아고라: 마지막으로, 미래의 소비문화는 어떻게 변화할 것이라고 생각하십니까? MZ세대를 중심으로 가치 소비, 미닝아웃(meaning out) 같은 새로운 소비 패턴이 나타나고 있습니다. 단순히 브랜드나 가격이 아니라 기업의 사회적 가치와 환경 친화성을 고려하는 소비자들이 늘어나고 있는데요.

베블런: 인간의 과시 욕구 자체는 변하지 않을 겁니다. 다만 그것이 어떤 형태로 나타나느냐는 시대에 따라 달라집니다. 과거에는 명품 가방이나 저택이 지위의 상징이었다면, 이제는 친환경 차를 타고, 공정무역 커피를 마시고, 유기농 식품을 고르는 것이 새로운 지위의 표현이 될 수 있습니다. 저는 이를 도덕적 과시라고 부르고 싶습니다. 단순히 '나는 부유하다'가 아니라, '나는 부유할 뿐 아니라 도덕적으로도 우월하다'는 메시지를 드러내는 것

이지요.

환경 보호, 사회적 책임, 윤리적 생산과 같은 가치를 소비에 반영하는 '가치 소비'나 자신이 지향하는 철학이나 사회적 메시지를 패션, 제품 선택, SNS 활동을 통해 적극적으로 드러내는 '미닝아웃'도 결국 자신의 도덕적 우월성을 보여주려는 새로운 과시적 소비일 수 있습니다.

하지만 만약 그 과정이 실제로 환경 보호와 사회적 선에 기여한다면, 그것은 단순한 허영을 넘어 긍정적 변화를 만들어낼 수 있다고 봅니다.

짐멜: 저는 조금 다른 방향에서 보겠습니다. 디지털 기술의 발달은 소비의 방식을 소유에서 접근으로 바꾸고 있습니다. 넷플릭스 같은 구독경제, 에어비앤비와 카셰어링 같은 공유경제가 대표적인 사례입니다. 이제 사람들은 반드시 물건을 소유하지 않아도, 필요할 때 접근할 수 있다면 충분하다고 생각합니다. 이런 변화는 자원의 효율성을 높이고 불필요한 낭비를 줄이는 데 도움을 줍니다.

하지만 여기에도 위험이 있습니다. 플랫폼 접근 권한이 새로운 사회적 불평등을 만들 수 있다는 점입니다. 구독료를 낼 수 있는 사람과 그렇지 못한 사람, 디지털 네트워크에 연결된 사람과 배제된 사람 사이에 격차가 벌어지는 것이죠. 그래서 미래의 소비 문화는 겉으로는 더 합리적이고 효율적으로 보이지만, 그 속에 또 다른 플랫폼 계급사회의 씨앗을 품고 있을지도 모릅니다. 이 점은 경계해야 한다고 봅니다.

세네카: 외부 환경이 아무리 달라져도 인간의 본성은 크게 변하지 않습니다. 욕망, 허영, 질투, 경쟁심은 디지털 시대에도 여전히 인간을 지배할 것입니다. 중요한 건 개인이 이런 감정들을 어떻게 다스리느냐입니다. 물질적 풍요가 늘어나고 기술이 발전할수록 오히려 정신적 수양이 더욱 중요해질 겁니다. MZ세대의 가치 소비가 단순한 유행이나 이미지 관리에 머문다면, 또 하나의 과시적 소비일 뿐입니다. 하지만 그것이 진정한 자기 철학으로 자리 잡는다면, 욕망의 경쟁을 넘어 삶을 더 깊고 조화롭게 만드는 길이 될 수 있습니다. 미래의 소비문화에서 중요한 것은 외부의 유행이 아니라, 내면의 기준을 세우는 지혜일 것입니다.

아고라: 세 분의 깊이 있는 토론 감사합니다. 120여 년 전 베블런 선생님이 지적한 과시적 소비는 오늘날 SNS 시대에 더욱 극대화되었습니다. 사람들은 명품이나 여행, 고급식사를 사진으로 올리며 타인의 시선을 의식한 소비를 이어가고 있습니다. 그러나 동시

에 환경을 고려한 친환경 소비, 윤리적 소비, 불필요한 소유를 줄이는 미니멀 라이프 등 대안적 움직임도 등장했습니다. 중요한 것은 소비의 주체가 되는 일인 것 같습니다. 광고와 유행, 사회적 압력에 끌려가듯 소비하는 것이 아니라 내가 진정으로 중요하게 생각하는 가치에 맞추어 스스로 선택하는 것입니다. 이런 의식적 소비가 쌓일 때 비로소 우리는 과시와 허영의 굴레에서 벗어나 자유롭고 지속 가능한 삶을 만들어갈 수 있지 않을까요?

마지막으로 청중 여러분께 질문을 드리며 오늘의 '지혜의 광장'을 마무리하겠습니다. 여러분의 선택이 미래의 소비문화를 만들어갈 것입니다.

"당신에게 진정한 부란 무엇인가요?"

❶ **사회적 지위를 보여주는 과시의 수단 –** 베블런형

❷ **자유와 개성을 실현하는 삶의 도구 –** 짐멜형

❸ **마음의 평안을 주는 내적 자산 –** 세네카형

만약 나라가 절약만을 미덕으로 삼아 백성들의 살림은 날로 곤궁해지고, 뛰어난 기술을 가진 장인들이 있어도 제대로 된 물건 하나 만들지 못하며 굶주린다면 어떨까요? 옆나라는 새로운 기술을 이용하여 부강해지는데 우리는 낡은 관념에 사로잡혀 스스로 문을 닫아걸고 어떻게 이런 가난의 굴레를 끊어낼 수 있을까요?

'가난은 불쌍히 여겨 구휼할 대상이 아니라, 반드시 극복해야 할 병이다!'라고 외친 조선의 사상가가 있었습니다. 그는 절약이 아닌 합리적 소비가 생산을 일으키고, 활발한 교류가 나라를 부유하게 만든다고 역설했습니다. 낡은 명분에 머무르지 않고 실용적인 지식을 받아들여야만 부국강병이 가능하다고 주장한 북학파 사상가, 박제가를 만나 봅시다.

박제가
「북학의」

배우고 바꿔야 나라가 산다

박제가,
당신은 누구?

검소와 절약을 최고의 미덕으로 여기던 시대에, 소비를 통한 경제 발전을 주장한 혁신가가 있었습니다. 바로 북학파의 선구자 박제가(朴齊家, 1750~1805)입니다.

그는 1750년 한양에서 양반 가문에서 태어났습니다. 하지만 어머니가 소실(첩)이었기 때문에, 그는 서얼(庶孼)이라는 신분적 제약을 평생 안고 살아야 했습니다. 서얼은 관직 진출이 크게 제한되었고, 사회적 차별을 피할 수 없었습니다. 하지만 이런 신분의 한계는 오히려 그에게 기존 체제를 비판적으로 바라보는 날카로운 시각을 길러주었습니다.

박제가는 어릴 때부터 청계천 주변에 살면서 시전(市廛) 상인과 역관, 기술자 등 다양한 계층의 사람들과 어울렸습니다. 그곳에서 그는 청나라에서 들여온 신기한 물건들을 보며 호기심을 키웠습니다. 정교한 자명종, 유리그릇, 아름다운 비단….

'청나라는 어떻게 저런 물건들을 만들 수 있을까? 왜 우리 조선에는 이런 물건이 없는가?'

어린 박제가의 머릿속은 현실에 대한 궁금증으로 가득 찼습니다.

18세기 조선은 안정과 개혁의 시대였습니다. 영조와 정조의 통치 아래 사회는 점차 안정되었고, 상업과 도시 문화가 발달하기 시작했습니다. 한양의 시전 상인들은 전국 각지와 거래를 확대했고, 보부상들은 농촌 구석구석까지 상품을 유통시켰습니다. 하지만 여전히 양반 지배층은 농업을 근본으로 삼고 상업을 천시하는 전통적 사고에 머물러 있었습니다. 박제가는 거리에서 번성하는 상점들을 보며 이런 현실에 의문을 품었습니다.

'농사만이 나라를 살린다는데, 왜 장사꾼들이 백성들의 생활을 풍요롭게 하는 모습은 무시되는가?'

그는 전통적인 성리학적 사농공상(士農工商)의 신분 질서에 의문을 제기하기 시작했고, 청나라에서 들여온 농업 기술서, 수공업 기술서들을 탐독하면서 중국의 앞선 기술을 접했습니다.

'우리도 저런 기술을 배우면 더 잘살 수 있을 텐데!'

　　1778년 스물여덟 살의 박제가는 마침내 꿈에 그리던 청나라 수도 연경(베이징)을 방문할 기회를 얻었습니다. 사절단의 일원으로 참가하게 된 것입니다. 압록강을 건너 마주한 청나라의 모습은 연일 충격의 연속이었습니다. 잘 닦인 도로 위를 달리는 수많은 수레, 견고하게 지어진 벽돌 성곽, 그리고 길목마다 번성하는 시장들.

　　연경에 도착한 박제가는 거리의 활력에 압도당했습니다. 온갖 상품이 넘쳐나고, 사람들이 분주히 오가며, 밤늦게까지 상점들이 불을 밝히고 있었습니다. 그는 특히 일반 서민들도 튼튼하고 따뜻한 벽돌집에 사는 것을 보고 큰 인상을 받았습니다.

　　'왜 우리는 저런 좋은 기술을 배우지 않는가?'

연경의 궁궐 근처 시장 거리 풍경.

더욱 놀라운 것은 청나라 사람들의 소비문화였습니다. 조선에서는 검소함을 미덕으로 여겼지만, 청나라에서는 활발한 소비가 오히려 생산을 촉진하고 경제 전체에 활력을 불어넣고 있었습니다. 박제가는 한 상인과의 대화에서 결정적인 깨달음을 얻었습니다.

"손님들이 많이 사 갈수록 우리도 더 많이 만들게 됩니다. 그러면 일자리도 늘어나고 모두가 잘살게 되지요."

소비를 낭비로 여기고 절약만을 강조하던 조선의 통념이 송두리째 뒤흔들리는 순간이었습니다.

3개월간의 연행(燕行)을 마치고 돌아온 박제가는 완전히 다른 사람이 되어 있었습니다. 그는 조선의 가난이 운명이 아니라, 잘못된 제도와 생각에서 비롯된 극복 가능한 병이라고 확신하게 되었습니다.

박제가는 본격적으로 개혁안을 구상하고, 1778년에 『북학의』를 집필합니다. 이 책에서 그는 조선이 배워야 할 청나라의 선진 문물들을 체계적으로 정리하고, 농업기술, 수공업 기술, 상업 제도, 교통 시설 등 모든 분야에 걸쳐 구체적인 개선 방안을 제시했습니다.

『북학의』의 핵심은 이용후생(利用厚生)이었습니다. 백성들의 생

활을 편리하게 하고 경제를 발전시키는 것이 정치의 목표라는 것
이었습니다. 이를 위해서는 기존의 관념에서 벗어나야 한다고 주
장했습니다. 벽돌 제조, 수레 제작 등 기술 혁신과 소비의 중요성
을 강조하고, 농업만 중요한 게 아니라 상업과 수공업도 국가 발
전의 핵심이라고 역설했습니다.

하지만 『북학의』에 대한 당시 지배층의 반응은 차가웠습니다.
"중화를 버리고 오랑캐를 따르자는 것인가?"라는 비판이 쏟아졌
습니다. 성리학적 명분론에 젖어 있던 사대부들은 박제가의 실
용주의를 이해하지 못했습니다. 심지어 같은 북학파 내에서도 그
의 주장이 너무 급진적이라는 의견이 있었습니다.

1779년 정조는 서얼 출신임에도 불구하고 박제가를 규장각 검
서관(檢書官)에 임명했습니다. 이는 '신분이 아니라 능력으로 인
재를 등용한다'는 정조의 개혁적 방침을 상징적으로 보여주는 사
건이었습니다. 비록 검서관은 정식 관직으로는 낮은 자리였지만,
당시 엄격한 신분 질서 속에서 서얼 출신이 왕실 학문기관에 발
탁된 것은 매우 파격적인 일이었습니다.

정조는 박제가의 재능을 높이 평가했지만, 그가 제시한 북학
적 개혁안을 곧바로 전면적으로 수용하지는 않았습니다. 당시 조
선 사회의 구조적 제약과 양반 기득권층의 강한 반발을 고려할

때, 성급한 개혁은 오히려 혼란을 불러올 수 있다고 판단했기 때문입니다. 그래서 박제가는 규장각에서 주로 중국 서적의 번역과 국가 문헌의 편찬 같은 학문적 업무를 맡으며 조용히 역량을 발휘했습니다. 하지만 그가 규장각 안에 존재한다는 사실만으로도, 서얼 출신 지식인들의 사회적 지위는 이전과 비교할 수 없을 만큼 향상되었습니다.

박제가는 규장각에서 일하면서 동시대 실학자들과도 활발히 교류했습니다. 그는 홍대용·박지원 같은 선배 학자들의 사상에서 큰 자극을 받았고, 규장각에 함께 발탁된 이덕무·유득공·서이수 등 서얼 출신 동료들과는 깊은 우정을 나누며 학문적 연대를 쌓아갔습니다. 이들은 성리학적 공리공담을 넘어, 농업·상공업·과학·외교 등 실용적 지식과 제도 개혁을 모색한 동지들이었습니다. 정조의 규장각은 바로 이 같은 젊은 실학자들의 연구와 토론을 통해 조선 사회에 새로운 사상의 숨결을 불어넣는 학문적 실험실이자 개혁의 산실이 되었습니다.

홍대용은 천문학과 수학에 뛰어났고, 지구가 둥글고 회전한다는 서양의 지동설을 받아들였습니다. 박지원은 뛰어난 문장가로서 『열하일기』를 통해 청나라 문물과 사회를 생생하게 기록했습니다. 이덕무는 박학다식한 고증학자로서 다양한 분야의 지식을 섭렵했습니다. 박제가는 이들과 직접 혹은 간접적으로 교류하며 서로 영향을 주고받았습니다.

하지만 이들의 활동은 기존 지배층의 견제와 비판을 받았습니다. 성리학적 명분을 중시한 보수적 양반들은 이들의 새로운 사상을 전통에 어긋난 것으로 여기며 배척했고, 특히 서얼 출신이었던 박제가는 더욱 심한 차별과 제약을 감수해야 했습니다.

1800년 정조가 갑작스럽게 세상을 떠나자 박제가의 처지는 순식간에 어려워졌습니다. 어린 순조가 즉위하면서 대왕대비 정순왕후가 수렴청정을 시작했고, 그 과정에서 보수적 노론 세력이 다시 정권을 장악했습니다. 이들은 정조가 추진하던 규장각 중심의 개혁 정책을 모조리 뒤집고, 정조가 발탁했던 개혁파 인사들에 대해서도 대대적인 탄압을 가했습니다.

박제가 역시 그 소용돌이 속에 휘말려 규장각 검서관에서 쫓겨났습니다. 정조가 열어주었던 희망의 문은 닫혀버렸고, 그가 제시한 개혁적 구상은 위험한 사상이라는 낙인을 쓰게 되었습니다. 대표 저서인 『북학의』는 금서에 가까운 취급을 받으며 사회에서 공개적으로 논의될 수 없었습니다. 그는 자신이 꿈꾸었던 조선의 변화와 근대화가 좌절되는 모습을 지켜보며 깊은 절망에 빠졌습니다.

1805년 박제가는 56세를 일기로 세상을 떠났습니다. 그의 죽음은 조용했고, 당대 사회의 주목을 크게 받지 못했습니다. 그토록 열정적으로 꿈꾸었던 조선의 개혁은 아직 멀고도 요원해 보였습니다. 그

청나라 화가 나빙(羅聘)이 1790년에 그린 군관 복장 차림의 박제가 초상.

러나 그의 사상은 완전히 사라지지 않았습니다.

19세기에 들어 김정희, 최한기 같은 학자들이 그의 실용주의적 문제의식을 이어갔고, 특히 서구와 접촉이 잦아지던 개화기에 접어들면서 박제가의 사상은 조선이 나아가야 할 길을 예견한 선구적 통찰로 재발견되었습니다. 20세기에는 상공업 진흥과 생산력 증대를 강조했던 그의 생각이 근대적 경제관을 가진 실학자의 모범으로 평가받으며 다시 빛을 보게 되었습니다.

『북학의』 핵심 쏙쏙!

박제가의 『북학의』는 18세기 조선이 나아갈 방향을 구체적으로 제시한 개혁서입니다. 그는 추상적 이론이 아니라 농업·상공업·무역 등 현실 문제 해결을 통해 부국강병을 이루자고 주장했습니다. 낙후된 제도와 기술을 개혁하고 외부 문물을 적극적으로 받아들여야 한다는 그의 생각은 조선의 근대화를 앞당길 수 있는 선구적 청사진이었습니다.

소비가 생산을 촉진한다

박제가는 조선의 전통적인 경제관념에 정면으로 도전했습니다. 당시 사회는 절약과 검소를 미덕으로 삼아 소비를 억제했지만, 그는 정반대의 주장을 펼쳤습니다.

"재물은 우물과 같다. 퍼내면 끊임없이 가득 차지만, 이용하지 않으면 결국 말라버린다."

이 유명한 비유를 통해 그는 소비와 생산의 선순환 구조를 설명했습니다. 사람들이 좋은

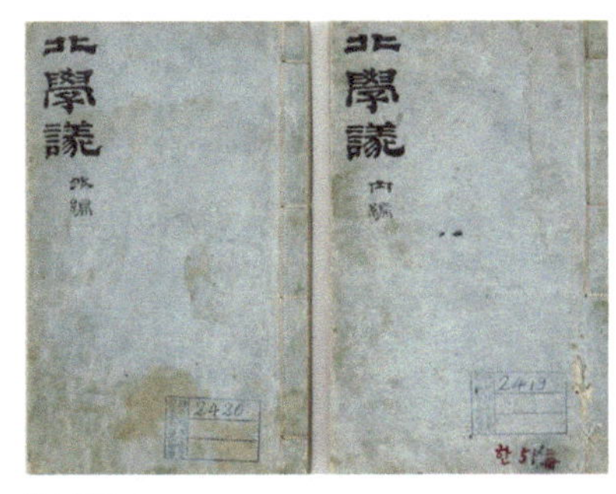

『북학의』.

물건을 활발히 소비해야 상인과 수공업자들이 더 많은 물건을 만들게 되고, 생산이 늘면 자연스레 일자리가 생겨 모두가 풍요로워진다는 것입니다. 이는 절약을 절대선으로 여기던 당시 조선 사회에서는 충격적인 발상이었고, 훗날 영국의 경제학자 케인스가 정립한 수요가 공급을 창출한다는 유효수요 이론의 핵심과 맞닿아 있는, 시대를 초월한 통찰이었습니다.

벽돌집이 기와집보다 낫다

박제가는 청나라 연경에서 본 벽돌집에 큰 충격을 받았습니다. 조선에서는 기와집이 부와 권위의 상징이었지만, 청나라의 벽돌집은 그보다 더 튼튼하고 따뜻할 뿐 아니라 일반 서민들도 널리 사용하고 있었습니다. 그는 '왜 우리는 이렇게 좋은 기술을 배우지 않는가?'라며 안타까워했습니다.

박제가의 눈에는 낡은 방식을 고집하며 더 나은 기술과 제도

를 배척하는 조선의 보수성이 국가 발전을 가로막는 가장 큰 걸림돌이었습니다.

'기술이 발달해야 생산성이 높아지고, 생산성이 높아져야 나라가 부유해진다.'

부국강병의 출발점은 사치 억제 같은 소극적 태도가 아니라, 새로운 기술을 적극적으로 수용하고 활용하는 데 있다는 것이었습니다.

상공업을 천시하지 말라

그는 조선 사회를 지배하던 사농공상의 성리학적 신분 질서를 거침없이 비판했습니다. 글을 읽고 과거에 급제해 벼슬길에 오르는 양반 사대부를 고귀하게 여기고, 농민은 그 다음, 그리고 상인과 장인은 가장 천한 신분으로 여겨지는 위계가 박제가의 눈에는 전혀 합리적으로 보이지 않았습니다.

'벽돌을 만드는 것이 시를 짓는 것보다 못할 게 무엇인가? 수레를 만드는 것이 글을 쓰는 것보다 천할 게 무엇인가?'

그에게 중요한 것은 직업의 귀천이 아니라, 그것이 얼마나 백성의 삶을 편리하게 하고 사회를 풍요롭게 만드는가였습니다. 벽돌을 만들고 수레를 제작하는 기술은 백성의 생활수준을 높이고 국가의 생산력을 키우는 데 꼭 필요한 일이었습니다. 반면 상공업을 천시하는 낡은 관념은 단지 양반의 체면을 지켜주는 허울일 뿐, 국가 발전을 가로막는 구습에 불과했습니다.

이러한 인식은 박제가가 전통적 성리학 질서와 결별하고, 실용과 생산을 중시하는 새로운 가치관을 제시했음을 보여줍니다.

교통과 유통이 경제의 혈맥이다

그는 조선의 경제 발전을 가로막는 가장 큰 장애 중 하나로 교통의 낙후성을 지적했습니다. 청나라는 이미 대운하를 통해 남과 북을 연결하며 거대한 시장을 형성했고, 곡식·소금·비단 같은 물자가 전국적으로 원활히 유통되었습니다. 운하와 도로망은 경제의 혈관이 되어 나라 전체를 살아 움직이게 했습니다.

반면에 조선은 사정이 달랐습니다. 도로는 대부분 비포장이어서 비가 오면 진흙탕으로 변했고, 겨울이면 눈과 얼음 때문에 왕래가 끊기기 일쑤였습니다. 수로 역시 체계적으로 정비되지 않아 강과 바다를 통한 물자 이동이 제한적이었습니다. 이런 상황에서는 지역 간 교류가 활발할 수 없었고, 생산된 물자도 제값을 받기 어려웠습니다.

'길이 좋아야 물건이 잘 다니고, 물건이 잘 다녀야 경제가 발달한다.'

도로와 수로를 정비하고 새로운 교통망을 개척하는 일은 단순한 편리함의 문제가 아니라, 국가 경제를 일으키는 근본 조건이라는 것이지요. 그는 교통망 확충을 통해 지역 간 교역을 활성화하고, 이를 바탕으로 조선이 더 넓은 시장경제로 나아가야 한다고 강조했습니다.

화폐 유통을 늘려라

박제가는 조선 경제가 뒤떨어진 원인 중 하나로 화폐 유통의 미비를 지적했습니다. 조선 사회는 여전히 곡식이나 포(布) 같은 물품을 직접 교환하는 물물교환의 비중이 컸고, 화폐는 보조적 수단에 불과했습니다. 반면에 청나라는 은과 동전이 활발히 유통되며 상업 활동이 활기를 띠고 있었습니다.

박제가는 이 차이를 똑똑히 보았습니다. 화폐가 원활히 돌아야 상인들이 거래를 확대하고, 장인들이 물건을 더 많이 만들 수 있으며, 시장이 활기를 띠게 됩니다. 그는 화폐를 단순한 교환 수단이 아니라, 경제 전체를 순환시키는 혈액 같은 존재로 보았습니다. 혈액이 막히면 몸이 병들 듯, 화폐가 돌지 않으면 경제가 정체된다는 것이지요.

그는 조선이 부국강병의 길로 나아가려면 무엇보다도 화폐 유통을 확대하고, 이를 통해 상공업을 진흥시켜야 한다고 강조했습니다. 이는 당시의 절약과 농업 중심의 경제관념을 뒤집는 혁신적 발상이었습니다.

사치와 검소의 균형을 찾아라

박제가는 '재물은 써야만 다시 생겨난다. 막아두면 곧 고갈된다. 백성이 기와집을 짓고, 좋은 옷을 입고, 맛있는 음식을 먹는 것은 사치가 아니라 경제를 살리는 일'이라고 주장했습니다. 사치의 순기능을 강조하면서, 오히려 과도한 절약이 사회 전체를 가난하게 만든다고 보았습니다. 그렇다고 무조건 사치를 옹호하지는 않았습니다. 경제가 활성화되려면 일정한 소비가 필요하다고 보았지만, 동시에 그 소비가 지나쳐 국부를 탕진해서는 안 된다고 경계했습니다. 지나친 절약은 시장을 위축시켜 생산과 고용을 줄이고, 반대로 지나친 사치는 국가의 힘을 갉아먹는다는 것입니다.

이 주장은 단순한 생활 태도에 대한 권고가 아니었습니다. 당시 조선 지배층은 유교적 윤리를 앞세워 백성들에게 무조건 검소와 절약을 강요하면서, 정작 자신들은 사치스러운 생활을 즐기고 있었습니다. 박제가는 바로 이런 양반들의 이중적 태도와 위선을 날카롭게 비판했습니다. 그의 사상은 소비를 죄악시하던 전통적 가치관을 넘어 경제를 바라보는 새로운 합리성과 균형 감각을 제시한 통찰이었습니다.

개방과 교류를 통한 발전

조선 사회의 폐쇄적 사고와 배타적 태도를 거침없이 비판하며, 무엇보다도 개방적인 자세를 강조했습니다. 그는 '중국이든 일본이든, 심지어 서양이든 좋은 것은 반드시 배워야 한다'고 주장했습니다. 학문과 기술에는 국경이 없으며, 유용하다면 어디에서든 받아들여야 한다는 입장이었지요.

특히 청나라를 통해 들어온 서양의 과학기술에 깊은 관심을 보였습니다. 망원경, 시계, 화포 같은 신기술은 단순한 호기심 거리가 아니라, 사회 전반을 발전시킬 수 있는 실용적 가치를 지닌 것으로 보았습니다. 그는 조선이 더 이상 전통만을 고집해서는 안 되며, 새로운 기술과 문물을 적극적으로 도입해야 부국강병을 이룰 수 있다고 강조했습니다.

이러한 사고는 당시 조선의 지배층이 외부 문물을 천시하고 성리학적 도덕 담론에만 매달리던 풍토 속에서는 매우 급진적이고 진보적인 발상이었습니다.

고전툰

길을 열면, 경제가 산다

떼잉~
요즘 것들은 사서삼경도 모르고
신상품에 돈만 펑펑 쓰지,
옛것을 쓰고 아낄 줄 몰라!
AI

어르신, 소인은 지나가던
고등학생 박제가라고 하온데,
새로운 기술에 돈을 쓰는 건
꽤나 상서로운 것입니다.
조… 조상님!?

우물물은 퍼낼수록
말라버린다고 생각하기 쉬운데,
사실은 그렇지 않습니다!
오히려 더 맑아지고
채워지지요.

돈도 마찬가지입니다.
사람들이 돈을 쓸수록
더 많은 물건이 만들어지고,
일자리도 생기지요.
적절한 소비가
경제를 살리는 것입니다.

그래서 경제를 살리려면
상공업을 천시하면 안 됩니다
이들을 천시한다면
누가 물건을 만들지요?
백성을 편하게 하는 일에는
직업의 귀천이 없는 법!

또한 잘 닦인 길은
경제의 혈맥과 같아,
길이 좋아야 물건이 오가고
경제가 더 발달하지요!
우리나라도 고속도로와 함께
발전해 온 게 그 증거
아닐까요?

자 그리고
기와집과 콘크리트 집을 보시지요.
기와집도 멋스럽지만,
더 튼튼하고 따뜻한 것은
콘크리트 집이겠지요?
그거야
그렇지….

이 콘크리트 집처럼
우리 것이 아닌
심지어 오랑캐의 기술이라도
좋은 기술은 으레 배우고
도입해야 합니다!
흐음….

하지만 우리 것을 지켜야 전통을 보존하지 않겠나?
우물 안 개구리가 되어서는 발전할 수 없습니다! 좋은 것은 받아들인 뒤 우리 식으로 더 좋게 만들면 되는 것이겠지요?

하긴… 우리가 옛것만 좋아하고 공부했다면 반도체와 자동차를 만들어 선진국으로 올라설 수 있었을까?

다시 여쭤보겠습니다.
옛것을 쓰고
사서삼경을 읽는 것만이
공부이겠습니까?
사람들의 삶을
편안하게 하는 게
진짜 공부라는
것이군….

정답입니다!
이용후생 利用厚生,
백성을 이롭게 하는게 진짜
공부이지요. 실용적인 지식이
공허한 이론보다
소중한 것입니다.
너 학생
맞니…?
利用厚生
이 용 후 생

좋은 소비란 무엇인가?

토론자

박제가 朴齊家 1750~1805
소로 Henry David Thoreau 1817~1862
맨더빌 Bernard Mandeville 1670~1733

민주시민의 경제적 역량을 키울 수 있는 빛나는 책의 저자를 모시고, 인류 역사의 쟁쟁한 지성들과 함께 토론하고 지혜를 나누는 '지혜의 광장'에 오신 것을 환영합니다. 저는 사회자 아고라입니다. 오늘 우리는 18세기 조선의 실학자 박제가 선생님의『북학의』를 중심으로, '좋은 소비란 무엇인가?'라는 현대적 질문에 대해 이야기 나누고자 합니다.

먼저 토론자 두 분에 대해 간단히 소개해드리겠습니다.

소로 선생님은 미국의 초월주의 철학자이자 작가로, 대표작『월든』에서 자연 속에서의 단순하고 자족적인 삶을 실험하며 물질주의 사회를 비판했습니다. 그는 인간이 진정한 자유와 행복을 찾기 위해서는 자연과 조화를 이루고 내적 성찰을 중시해야 한다고 강조했으며, 오늘날 생태주의와 시민 불복종 사상의 선구자로 평가받습니다.

맨더빌 선생님은 네덜란드 출신의 영국 철학자이자 의사로, 저서 『꿀벌의 우화』에서 '개인의 악덕이 공공의 이익을 낳는다'는 역설적 주장을 펼쳤습니다. 사치와 욕망 같은 개인의 이기적 행위가 사회 전체의 번영을 촉진할 수 있다고 본 겁니다. 이러한 통찰은 후대의 애덤 스미스 등의 근대 경제학에 중요한 영향을 미쳤습니다.

세 분을 모신 이유는 소비와 행복을 바라보는 여러 관점을 함께 살펴보기 위해서입니다. 오늘 토론을 통해 과시와 절제, 욕망과 자족, 인간과 자연의 관계를 새롭게 생각해 보고, 앞으로 어떤 소비가 우리 삶과 사회를 더 지속 가능하게 만들 수 있을지 함께 고민해볼 수 있기를 바랍니다.

1. 절약 vs 소비의 경제학

아고라: 전통적으로 동서양을 막론하고 절약은 미덕으로 여겨져

왔습니다. 유교에서는 검소와 절약을 군자의 덕목으로 강조했고, 서양의 청교도도 검소와 근면을 미덕으로 보았습니다. 하지만 현대 경제학에서는 소비가 경제성장의 동력이라고 봅니다. 과연 좋은 소비란 무엇일까요?

박제가: 좋은 소비란 이용후생에 도움이 되는 소비입니다. 백성들의 생활을 편리하게 하고 사회 전체의 생산력을 높이는 소비입니다. 실용적이고 생산적인 효과를 가져오는 소비 말입니다. 제가 『북학의』에서 강조했듯이, 조선이 가난한 이유는 허례허식에만 돈을 쓰고 실용적인 기술과 도구에는 투자하지 않았기 때문입니다.

좋은 소비는 개인의 능력을 향상시키고, 사회의 생산력을 높이는 소비입니다. 좋은 농기구를 사면 농업 생산성이 높아지고, 좋은 책을 사면 지식이 늘어납니다. 하지만 겉치레를 위한 화려한 의복이나 과도한 의례는 아무런 실익이 없는 낭비입니다. 요즘 시대로 말하면 스마트폰이나 컴퓨터 같은 도구를 사는 건 좋은 소비이지만, 단순히 과시만을 위한 명품 구매는 나쁜 소비입니다.

소로: 박제가 선생님의 실용성 강조에는 일부 동의하지만, 더 근본적으로 접근해야 합니다. 좋은 소비란 진정으로 필요한 것만 소비하는 것입니다. 저는 월든 호숫가에서 2년간 살면서 인간에게 정말 필요한 것이 무엇인지 실험

했습니다. 그 결과 인간에게 꼭 필요한 것은 음식, 의복, 주거, 연료, 네 가지뿐이라는 걸 깨달았습니다. 나머지는 모두 인위적으로 만들어진 욕망일 뿐입니다. 문제는 현대인들이 수단과 목적을 혼동하고 있다는 겁니다. 돈을 벌기 위해 살고 있으면서, 살기 위해 돈을 벌고 있다고 착각하고 있습니다.

진정한 부는 적게 원하는 것입니다. 소비를 줄일수록 더 자유로워지고 더 행복해집니다.

맨더빌: 저는 완전히 다른 관점을 제시하고 싶습니다. 좋은 소비란 욕망을 충족시키는 소비입니다. 인간의 욕망과 사치야말로 사회 발전의 원동력입니다. 개인의 악덕이 공공의 이익으로 이어집니다. 사람들이 사치품을 사려고 하니까 장인들이 더 정교한 기술을 개발하고, 상인들이 더 먼 곳까지 무역하며, 그 결과 사회 전체가 번영합니다.

부자들의 사치가 기술의 발전을 촉진하고, 무역을 확대시키며, 사회 전체의 경제를 움직이는 것이지요. 만약 모든 사람이 소로 선생님처럼 최소한만 소비한다면, 경제는 침체되고 문명은 퇴보할 것입니다. 현대의 스마트폰, 자동차, 패션 산업 등이 모두 인간의 욕망에서 나온 것 아닙니까? 인간의 욕망이 없다면 산업도, 혁신도 일어나지 않았을 것입니다.

아고라: 흥미롭게도 현대 경제학에서도 비슷한 논쟁이 계속되고 있습니다. 케인스는 '절약의 역설'을 말했습니다. 개인이 절약을 많이 하면 장기적으로는 좋을 수 있지만, 모든 사람이 동시에 절약하면 총수요가 줄어들어 오히려 경제 전체가 침체한다는 거지요. 따라서 불황기에는 오히려 소비와 투자를 늘리는 것이 경제 회복의 열쇠라는 주장인데, 이는 소비의 필요성을 강조하는 맨더빌 선생님의 주장과 맥락이 닿아 있습니다.

반면에 환경경제학자들은 과도한 소비가 지구 환경을 파괴한다고 경고합니다. 무분별한 소비와 생산이 탄소 배출과 자원 고갈을 불러왔고, 기후 위기라는 전 지구적 문제를 낳았다는 거지요. 이는 소로 선생님의 절제 철학과 맞닿아 있습니다.

2. 사치와 필수의 경계

아고라: 맨더빌 선생님께서 흥미로운 관점을 제시해주셨는데, 사치에 대한 세 분의 견해는 다를 것 같습니다. 최근 한국에서는 명품 열풍이 불고 있습니다. 사람들이 명품 가방, 시계, 의류 구입에 소득의 상당 부분을 쓰고 있는데, 이를 어떻게 보십니까?

맨더빌: 사치의 사회적 효용을 다시 한번 강조하고 싶습니다. 젊은 이들이 명품을 사고 싶으니까 더 열심히 일하고, 더 많은 기술을 배우려 합니다. 명품 회사들은 더 좋은 제품을 만들기 위해 연구 개발에 투자하고, 그 과정에서 수많은 일자리가 창출됩니다. 디자이너, 장인, 판매원, 마케터 등 얼마나 많은 사람들이 이 사치 덕분에 먹고살고 있습니까? 만약 사람들이 검소하게만 산다면, 이 모든 일자리가 사라지고 수많은 사람들이 실업자가 될 것입니다. 사치는 개인적으로는 허영일 수 있지만, 사회적으로는 번영의 원동력입니다.

다만 오해는 피하고 싶습니다. 저는 무조건 사치를 장려하는 게 아니라, 인간의 욕망이 경제적 활력을 만들어내는 역설을 말하는 겁니다.

박제가: 저는 이용후생에 도움이 되는 소비는 좋은 소비라고 봅니다. 생산적인 소비와 비생산적인 소비가 있습니다. 좋은 도구나 기술에 투자하는 것은 비싸더라도 가치가 있습니다. 하지만 단순히 과시를 위한 소비는 자원의 낭비입니다. 명품 구입도 마찬가지입니다. 정말 품질이 좋아서 오래 쓸 수 있다면 비싸더라도 합리적 소비입니다. 하지만 단순히 브랜드 로고 때문에 비싼 것을 산다면 어리석은 일입니다. 조선이 가난했던 이유도 바로 이런 허영적인 소비 때문입니다. 관혼상제에 과도한 비용을 들이고, 겉치레에만 신경 쓰느라 정작 중요한 기술과 산업에는 투자하지 않았습니다. 대외 교역에서도 청나라의 비단·사치품 수입이 늘고, 국내 생산력 강화를 위한 투자는 적극적이지 않았던 문제가 있었습니다.

소로: 두 분 모두 사치의 함정에 빠져 있습니다. 사치는 개인을 불행하게 만들고 사회를 병들게 합니다. 명품을 사기 위해 젊은이들이 과도한 노동에 시달리고, 빚을 지고, 스트레스를 받습니다. 이것이 행복한 삶입니까? 사치품 생산을 위해 얼마나 많은 자원이 낭비되고 환경이 파괴됩니까? 진정한 풍요는 많이 가지는 것이 아니라 적게 원하는 것입니다.

저는 월든에서 하루 몇 시간만 일하고도 충분히 행복하게 살 수 있었습니다. 나머지 시간은 독서하고, 사색하고, 자연을 관찰하며 보냈습니다. 제 경험은 필요의 재발견이었어요. 음식·의복·주거·연료 같은 기본적인 필요를 넘어선 과도한 욕망 때문에 사람은 빚과 과로에 시달립니다. 명품 열풍은 외부의 인정에 기대는 삶을 강화할 따름입니다. 불안과 비교를 키우죠. 진정한 부는 많이 갖는 게 아니라 적게 원하는 능력에서 옵니다. 소비를 줄이면 시간이 생기고, 자유가 따라오며, 평안해집니다. 환경에도 이롭고요.

3. 환경과 지속 가능한 소비

아고라: 소로 선생님이 마지막에 언급하신 환경문제는 현재 인류가 직면한 가장 큰 과제 중 하나입니다. 기후 변화, 미세플라스틱, 산림 파괴, 생물 다양성의 감소 등 환경의 치명적인 변화를 예고하고 있습니다. 이런 현실 앞에서 우리는 어떻게 소비해야 할까요? 소비를 줄여야 할까요, 아니면 새로운 길이 있을까요?

소로: 저를 언급하셨으니 제가 먼저 말하겠습니다. 자연은 우리의 스승입니다. 숲과 호수, 벌레와 새는 모두 필요 이상으로 가지지 않습니다. 다람쥐는 겨울을 대비해 도토리를 저장하지만, 산

더미처럼 쌓아두지는 않습니다. 그러나 인간은 욕망을 끝없이 키우며 대량생산, 대량소비, 대량폐기의 삶을 당연하게 여깁니다. 이는 자연의 원리에 어긋나며, 결국 우리 자신을 해치게 됩니다.

저는 자연과 조화롭게 사는 것이야말로 진정한 풍요라는 것을 깨달았습니다. 인간에게 진정 필요한 것은 생각보다 적습니다. 환경을 살리기 위해 우리는 소비를 줄이고, 재사용하며, 지역에서 얻을 수 있는 것들로 살아가야 합니다. 무분별한 패스트패션 대신 오래 입을 수 있는 옷을 선택하고, 일회용품 대신 다회용품을 쓰는 것부터 시작할 수 있습니다. 필요한 것만 소비하는 절제가 지구와 인간 모두를 구하는 길입니다.

박제가: 소로 선생님의 말씀은 이상적이지만, 현실에서는 조금 다르게 접근해야 합니다. 우물물은 퍼낼수록 채워진다고 했습니다. 소비는 생산을 자극하고, 사회 전체를 부유하게 만듭니다. 문제는 소비 자체가 아니라, 비효율적이고 잘못된 소비입니다.

오늘날 환경문제를 해결하려면 소비를 무조건 줄이지 말고, 똑똑한 소비로 방향을 바꿔야 합니다. 예를 들어 LED 전구는 초기 비용은 비싸지만, 전력 소비는 훨씬 적고 수명이 길어 환경과 경제 모두에 이롭습니다. 전기차는 내연기관차보다 비싸지만, 대기오염과 온실가스를 줄이는 효과가 큽니다. 태양광이나 풍력

발전 같은 신재생 에너지도 초기 투자가 필요하지만, 장기적으로는 지속 가능성을 보장합니다.

무조건 소비를 줄이는 것이 아니라, 환경친화적 기술과 산업을 키우는 방향으로 소비를 유도해야 개인의 생활도 개선되고, 사회 전체의 후생도 증진됩니다.

맨더빌: 저는 다르게 봅니다. 인간의 욕망은 멈출 수 없습니다. 오히려 이 욕망이야말로 문제 해결의 동력이 됩니다. 전기차 회사 테슬라, 재활용 패션 브랜드, 탄소 배출권 시장 등은 소비자들의 욕망 덕분에 생겨난 것입니다. 사람들이 깨끗한 환경을 원하기 때문에 기업은 친환경 기술을 개발합니다. 더 건강하고, 더 멋지고, 더 깨끗한 것을 원하는 소비자의 욕망이 혁신을 이끌고, 그것이 곧 환경문제의 해법이 될 수 있습니다.

만약 모든 사람이 소로 선생님 말씀대로 소비를 줄이고 절약만 한다면, 친환경 기술을 개발할 동기도 사라지고, 경제는 침체될 것입니다. 중요한 것은 소비를 멈추는 것이 아니라, 새로운 욕망을 통해 더 나은 소비를 만들어내는 것입니다. 시장의 힘은 우리가 생각하는 것보다 훨씬 더 강력한 해법을 제시할 수 있습니다.

4. 문화와 소비의 관계

아고라: 소비는 단순히 경제적 행위가 아니라 문화적 표현이기도 합니다. 최근 한국의 음악이나 영화, 애니메이션 등이 세계적으로 주목을 받고 있습니다. 그에 따라 한국을 찾는 관광객도 늘었고, 한국과 관련된 소비도 급속도로 증가하는 추세입니다. K-pop, K-뷰티, K-드라마, K-푸드 등 한국 문화의 세계적 확산도 소비와 밀접한 관련이 있죠. 문화와 소비의 관계를 어떻게 봐야 할까요?

박제가: 그렇습니다. 소비는 단순한 낭비가 아니라 문화 창조의 에너지가 될 수 있습니다. 사람들이 더 맛있는 음식을 원하니 요리법이 발달하고, 더 멋진 옷을 원하니 디자인이 세련됩니다. 좋은 집에 살고 싶은 욕구는 건축 기술 발전을 자극하지요.

조선이 청나라나 서양보다 뒤처진 것은 검소만을 미덕으로 여긴 탓이 큽니다. 소비를 통한 새로운 욕구를 인정하지 않았기 때문에 기술과 예술이 충분히 성장하지 못했습니다.

K-컬처도 마찬가지입니다. 한국 사람들이 음악, 패션, 영화, 공연 문화를 적극적으로 소비했기 때문에 문화산업이 성장했고, 그 결과 세계적인 수준으로 도약할 수 있었습니다. BTS와

블랙핑크의 무대, 「기생충」, 「오징어 게임」 같은 한국 영화의 세계
적인 성과는 내수 소비와 문화적 투자가 쌓인 결과라고 할 수 있
습니다.

소로: 같은 말의 반복이지만, 진정한 문화는 소비가 아니라 사색
과 성찰에서 나옵니다. 대중문화와 소비문화는 자극적이고 일시
적입니다. 유행을 좇는 과정에서 오히려 인간은 더 공허해지고,
중요한 것을 잃어버리게 됩니다. 저는 월든 호숫가에서 혼자 살면
서 더 풍요로운 정신적 경험을 했습니다. 새소리, 바람소리, 호수
의 잔물결… 이런 자연의 소리야말로 음악이고, 캄캄한 밤하늘
의 반짝이는 별빛은 최고의 예술품입니다. 저는 예술과 문화는
인간의 내면에서 우러나와야 한다고 믿습니다.

　벤야민(Walter Benjamin)의 경고처럼 대량 복제와 대중 소비
는 예술의 아우라를 파괴합니다. SNS에 올라오는 K-pop 공연
영상이 수천만 번 재생되더라도, 현장에서 직접 느끼는 예술적
감동은 결코 복제될 수 없습니다. 소비문화는 종종 예술의 깊이
를 희석시키고, 인간을 피상적인 즐거움에만 몰두하게 만듭니다.

맨더빌: 저는 문화를 지나치게 고상하게만 볼 필요는 없다고 생
각합니다. 대중이 즐기는 것이 바로 살아 있는 문화입니다. 세익

스피어의 연극도 당시 런던에서는 대중오락이었습니다. 오늘날 오페라와 고전으로 추앙받지만, 본래는 사람들의 소비와 오락이 만든 문화였지요.

K-pop이 전 세계로 퍼져나간 것도 결국 소비 덕분입니다. 세계 각지의 사람들이 음반을 사고, 굿즈를 사고, 콘서트에 가고, 스트리밍을 하면서 한국 문화를 경험합니다. 이런 소비가 없었다면 K-pop은 존재하지 않았을 겁니다.

소로 선생님이 말하는 예술의 아우라는 고귀해 보이지만, 예술이 귀족과 일부 엘리트만의 전유물이 된다면 사회 전체는 오히려 빈곤해집니다. 소비를 통해 더 많은 사람이 문화에 접근할 수 있게 되는 것이야말로 벤야민이 말한 예술의 민주화입니다. 저는 이것이 21세기 문화산업의 장점이라고 봅니다.

아고라: 선생님들이 K-컬처에 대해서 이렇게 지대한 관심을 가지고 계신 줄 몰랐습니다. 정말 감사합니다. "내가 원하는 나라는 문화가 강한 나라"라는 김구 선생님의 바람처럼 한국은 K-pop, K-푸드, K-뷰티, K-드라마가 세계적으로 확산되면서 문화 강국으로 떠올랐습니다. 최근 넷플릭스 영화 「케이팝 데몬 헌터스」(K-pop Demon Hunters)가 세계적으로 인기를 끌면서 한국을 찾는 외국인도 엄청 늘었고요. 소비와 문화는 서로 밀어

내는 관계가 아니라, 때로는 충돌하면서도 서로를 강화하는 관
계라고 볼 수도 있겠네요.

5. 디지털 시대의 소비

아고라: 디지털 시대에는 소비의 양상이 크게 바뀌고 있습니다.
구독경제, 공유경제, 가상화폐 등 새로운 소비 형태들이 나타나
고 있죠. 이를 어떻게 평가해야 할까요?

박제가: 매우 흥미로운 변화입니다. 저는 순환하는 소비가 경제
를 살린다고 주장했습니다. 지금 디지털 경제에서 나타나는 현상
은 바로 그 연장선입니다.

예컨대 자동차를 소유하지 않고도 카셰어링으로 필요할 때만
쓰고, 음악을 음반으로 소유하지 않고 스트리밍으로 듣습니다.
이는 자원을 효율적으로 활용하는 합리적 소비이지요. 디지털
기술은 낭비를 줄이고 효율성을 높이는 새로운 방식의 소비를
가능하게 했습니다. 실제로 넷플릭스, 멜론 등 구독형 서비스는
한정된 자원으로 더 많은 사람들에게 문화를 즐길 수 있는 기회
를 주고 있습니다. 제가 『북학의』에서 강조한 백성의 삶을 편리하
고 풍요롭게 하는 이용후생과 정확히 맞닿아 있습니다.

하지만 디지털 소비가 새로운 형태의 과시적 소비로 변질될 위험이 있다는 경고도 하고 싶습니다. 가상 아이템, NFT, 한정판 굿즈 같은 것이 본래의 효용보다 지위 과시의 수단으로 쓰이면 사회적 낭비가 될 수 있습니다.

소로: 박제가 선생님 말씀은 현실적이지만, 저는 디지털 소비의 위험성을 더 강조하고 싶습니다. 디지털 소비는 더욱 중독적이기 때문입니다. 사람들은 스마트폰 화면 속에서 하루를 보내며, 유튜브·틱톡·숏츠의 동영상을 끝없이 넘겨 봅니다. 인스타그램에서는 '좋아요' 숫자에 집착하며 다른 사람과 자신을 비교하고요. 메타버스나 VR 같은 가상세계가 발전할수록 인간은 점점 더 현실과 자연을 잊어버리게 될지도 모릅니다.

게다가 디지털 소비를 뒷받침하는 장치들—스마트폰, 서버, 데이터 센터—을 만들고 운영하는 과정에서도 엄청난 전기와 자원이 소모됩니다. 이름은 '클라우드'이지만, 실제로는 거대한 데이터 센터가 엄청난 전력을 사용하며 탄소를 배출하고 있는 것이지요. 최근에는 AI 사용이 폭발적으로 늘어나면서 전력 수요가 급격히 증가했고, 이를 감당하려면 원자력발전이 불가피하다는 주장까지 나오고 있습니다. 이런 현실은 디지털 문명의 그늘을 보여주며, 지속 가능한 발전에 대한 우려를 더욱 키우고 있습니다. 사람들은 보이지 않는 곳에서 환경이 파괴되고 있는 사실을 잊어버립니다.

현대인들에게 디지털 디톡스를 권합니다. 잠시라도 디지털 기기를 내려놓고, 숲을 걷고, 별빛을 바라보고, 책을 읽으며 자기 자신과 대화해보십시오. 특히 가상적이고 중독적인 소비는 의식적으로 경계해야 합니다.

맨더빌: 저는 디지털 소비를 긍정적으로 봅니다. 디지털 경제는 새로운 시장과 욕망을 창출했습니다. 게임 속 아이템, NFT 아트, 가상화폐 등은 손에 잡히지 않지만, 사람들이 그것에 가치를 부여하기 때문에 실제로 경제를 움직이고 있습니다. 누군가는 허황된 욕망이라고 비판할 수 있지만, 그 덕분에 개발자, 디자이너, 크리에이터, 플랫폼 노동자들이 생계를 꾸립니다.

또한 유튜브·틱톡 같은 플랫폼 덕분에 과거에는 불가능했던 1인 크리에이터 경제가 생겨났습니다. 평범한 개인도 전 세계를 상대로 콘텐츠를 만들며 생계를 유지하거나 큰 부를 얻습니다. 과거 귀족이나 자본가에게만 열려 있던 기회의 문이 대중에게 열린 것입니다.

그래서 저는 디지털 소비를 인류 문명의 새로운 진화 단계라고 봅니다. 물론 부작용도 있지만 인간의 욕망은 멈출 수 없고, 그 욕망이 또 다른 혁신과 번영을 낳습니다.

아고라: 코로나19 팬데믹을 거치면서 디지털 소비가 급속히 확산되었습니다. 넷플릭스, 배달앱, 온라인 쇼핑 등이 일상화되었죠. 하지만 동시에 디지털 격차, 플랫폼 독점, 개인정보 침해 등의 문제들도 드러나고 있습니다.

결국 디지털 소비의 미래도 우리가 어떤 선택을 하느냐에 달려 있는 것 같습니다. '더 많이'가 아니라 '더 현명하게' 소비하는 법을 찾아야 할 것 같습니다.

6. 청년에게 보내는 조언

아고라: 지금까지 심도 있게 토론해주셔서 감사드립니다. 이제 마지막 질문 하나만 남았습니다. 이 자리에 함께한 많은 청년들이 기존의 방식에서 벗어나 새로운 사업, '스타트업'을 통해 세상에 도전하려 합니다. 이들에게 어떤 지혜와 조언을 주실 수 있으신지요? 먼저 박제가 선생님께 청해 듣겠습니다.

박제가: 매우 시의적절한 질문입니다. 제가 드릴 조언은 단 하나, '쓸모'에서 시작하라는 것입니다. 책상에 앉아 이상적인 사업 계획

만 세우지 말고, 지금 당장 시장과 사람들의 삶 속으로 들어가십시오. 사람들이 무엇을 불편해하고, 무엇을 간절히 원하는지 직접보고 들으십시오.

낡은 관념과 체면은 버리십시오. 지금 우리에게 없는 기술이 저바다 건너 서양에 있다면 부끄러워 말고 가져와야 하고, 이웃 나라의 상술이 뛰어나다면 겸허히 배워야 합니다. 수레가 없어 물류가막혔다면 더 튼튼한 수레를 만드십시오. 땔감이 부족해 백성들이추위에 떤다면 더 효율적인 온돌을 개발하십시오. 뜬구름 잡는 명분이 아니라, 사람들의 삶을 실질적으로 편리하고 풍요롭게 만드는 것이 바로 좋은 사업의 본질입니다. 그리고 기억하십시오. 좋은물건을 만들어 사람들이 기꺼이 지갑을 열게 하십시오. 그 소비가쌓여야 생산이 돌고, 생산이 돌아야 나라가 부강해집니다.

맨더빌: 박제가 선생의 실용적인 조언도 좋지만, 저는 좀 더 솔직해지라고 말하고 싶군요. 젊은 창업가 여러분이 사업을 시작하는 진짜 이유가 무엇입니까? 세상을 구원하겠다는 거룩한 사명감 때문입니까? 위선은 집어치우세요. 사실은 돈을 벌고 싶고, 인정받고 싶고, 호사스러운 삶을 누리고 싶은 욕망 때문에 이 길에 뛰어드는 것 아닙니까?

그렇다고 부끄러워할 필요 없습니다. 바로 그 이기심과 허영심

이야말로 경제를 움직이는 가장 강력한 엔진입니다. 사람들은 꼭 필요한 물건만 사지 않습니다. 남에게 과시하고 싶어서, 더 편안해지고 싶어서, 더 즐겁고 화려한 경험을 하고 싶어서 기꺼이 돈을 씁니다.

여러분의 사업은 사람들의 악덕처럼 보이는 욕망을 솔직하게 겨냥해야 합니다. 그 욕망을 세련되게 충족시켜줄 수만 있다면, 그것이 바로 사회 전체의 부를 늘리고 새로운 일자리를 만들어내는 공적 이익이 될 것입니다. 고상한 척할 필요 없습니다. 인간의 본성을 똑바로 보십시오.

소로: 두 분의 말씀을 듣고 있자니 제 마음이 무겁습니다. 저는 젊은이들에게 '무엇을 시작할 것인가?'보다 먼저 '무엇을 위해 삶을 쓸 것인가?'를 물으라고 조언하고 싶습니다. 여러분이 시작하려는 사업이 혹시 사람들에게 더 많은 물건을 사도록 부추겨 그들의 삶을 더 복잡하고 피곤하게 만드는 것은 아닌지, 혹은 더 큰 이익을 위해 숲을 베어내고 강을 오염시키는 결과를 낳는 것은 아닌지 돌아보십시오.

저는 여러분이 더 크고, 더 빠르고, 더 부유한 사업이 아니라, 더 단순하고, 더 본질적이고, 더 자유로운 삶을 가능하게 하는 일을 찾길 바랍니다. 사람들로 하여금 없어도 되는 것들을 위해 평생을 저당 잡히지 않게 하고, 꼭 필요한 만큼만 일하면서도 자신의 삶을 즐길 수 있게 돕는 기술을 고민하세요.

사업의 성공을 위해 자신의 영혼과 자유를 팔아넘기지 마십시오. 진정한 성공이란 단순히 돈을 많이 버는 것이 아니라 자기 삶을 온전히 자기 방식대로 살아갈 시간과 자유를 얻는 것임을 잊지 마십시오.

아고라: 마지막 질문까지 정성껏 답해주셔서 고맙습니다. 보너스 같은 질문이었는데, 많은 분들에게 좋은 영감을 줄 수 있겠네요. 자, 오늘의 토론을 제가 정리하겠습니다. 오늘 우리는 소비의 본질과 미래에 대해 깊이 있는 대화를 나누었습니다. 결국 소비란 단순히 돈을 쓰는 행위가 아니라, 우리가 어떤 사회를 만들고 싶은가에 대한 선택인 것 같습니다.

200여 년 전 박제가 선생님이 제기한 '절약 vs 소비'의 문제는 오늘날 성장 vs 환경, 효율 vs 형평, 개인 vs 공동체의 문제로 이어지고 있습니다.

좋은 소비란 개인의 행복을 증진시키면서도 사회 전체의 지속 가능성을 고려하는 소비일 것입니다. 나만의 만족이 아니라 우리 모두의 번영을, 현재의 편리함이 아니라 미래의 지속 가능성을 함께 생각하는 소비 말입니다. 물론 좋은 소비란 좋은 생산과 연

관성이 있다는 것도 마지막 질문을 통해서 확인했습니다.

오늘도 마지막 질문을 청중들께 드리면서 '지혜의 광장'을 마치겠습니다. 여러분의 선택이 미래의 소비문화를 만들어갈 것입니다.

"당신이 추구하는 소비 철학은?"

❶ 실용성과 효율성을 중시하는 합리적 소비 – 박제가형

❷ 자연과 조화를 중시하는 절제된 소비 – 소로형

❸ 욕망과 시장을 긍정하는 자유로운 소비 – 맨더빌형

고전툰, 꼭 읽어보세요!

『고전툰』 시리즈는 정치와 경제의 거장들을 생생하게 되살려, 고전의 지혜를 오늘의 언어로 풀어내며 우리 곁의 이야기로 들려줍니다. 마키아벨리와 루소에서 한비자에 이르기까지, 애덤 스미스와 마르크스에서 박제가에 이르기까지, 격동의 시대 속에서 대가들이 형성한 사유의 여정을 쉽고 흥미롭게 보여줍니다. 그래서 읽는 내내 배움의 즐거움과 함께, 인간과 사회를 바라보는 다양한 시선을 마주하게 됩니다.

특히 '북토크'는 시대를 초월한 사상가들의 대화를 통해 "나는 이 시대를 어떻게 바라보아야 할까?"라는 근본적인 물음을 건넵니다. 이 책은 청소년들에게 인문학적 사고력과 비판적 성찰의 힘을 길러 주는 소중한 자료가 될 것입니다.

저자들의 오랜 연구와 교육적 열정이 깃든 이 시리즈가 고전을 통해 오늘의 삶을 성찰하고, 함께 살아가는 사회의 의미를 다시 생각하게 하는 따뜻한 인문 교양서로 오래도록 사랑받기를 바랍니다.

– 최성은(대전성모여자고등학교 교사, 전국사회교사모임 대표)

AI 시대, 책은 더 이상 정보를 전달하는 도구에 머물러서는 안 됩니다. 이제 책은 '생각하는 힘'을 길러주는 훈련장이 되어야 합니다. 『고전툰』은 고전을 소재로 '생각하는 힘'을 제대로 길러주는 새로운 책입니다. 고전이 쓰인 시대의 맥락과 저자의 문제의식을 짚어주며, 플라톤·루소·마키아벨리·마르크스·소로 같은 사상가들의 시선으로 오늘의 정치·경제·환경 문제를 깊게 따져봅니다. '북토그'는 『고전툰』이 백미, 인류의 지성들이 시대를 초월해 토론하는 가상 북토크를 따라가면 AI가 대신할 수 없는 생각하는 힘이 저절로 생길 겁니다.

– **한기호**(출판평론가, 「학교도서관저널」 발행인)

사회 변화의 속도가 너무 빠릅니다. 다양한 사건 사고가 늘 우리 삶 가까이서 벌어집니다. 사람들의 가치관과 사고방식도 다양해지고 있습니다. 지구의 위기를 이야기한 지 오래지만 어떻게 해결해야 할지 막연합니다. 불확실한 시대에 사람들을 저마다 어떻게 살아가야 할지 불안해하며 하루하루를 살아갑니다.

지난 20세기에는 두 번의 세계대전이 있었고, 이념으로 나뉜 진영이 치열하게 대립했습니다. 21세기를 맞으며 사람들을 전쟁은 역사 속으로 사라지고 평화의 시대가 도래할 거라 기대했습니다. 그 세기를 살아가고 있는 지금, 우리 삶은 어떠한가요? 인공지능 기술 같은 문명의 발달과는 별개로 여전히 우리는 삶과 사회의 풀리지 않는 문제를 지속해서 고민하며 살아갈 수밖에 없습니다.

인간의 본성에 대한 탐구와 사회를 어떻게 이끌 것인가에 대한 고민은 인류의 역사에서 지속됐습니다. 이 책에 소개되는 고전들은 치열하게 고민했던 사상가들의 흔적을 살펴볼 결정체입니다.

이 책은 다섯 명의 사상가의 삶과 사회에 대한 고민만을 다루고 있지 않습니다. 이 고전들을 연결고리 삼아 시대와 장소를 넘나들며 같은 주제로 다른 관점에서 고민했던 다양한 사상가들을 함께 만나볼 수 있습니다. 고전을 만나는 과정에서 삶과 사회에 대한 인식의 지평을 넓혀 여러분 자신만의 관점을 만들어갈 수 있기를 기대합니다.

『고전툰』 시리즈는 고전들을 연결고리 삼아 시대와 장소를 넘나들며 같은 주제로 다른 관점에서 고민했던 다양한 사상가들을 함께 만나볼 수 있습니다. 고전을 만나는 과정에서 삶과 사회에 대한 인식의 지평을 넓혀 여러분 자신만의 관점을 만들어갈 수 있기를 기대합니다.

– **김병연**(공주교육대학교 윤리교육과 조교수)

고흥 녹동고등학교　정선렬

광주 각화중학교　김혜자

광주 대자중학교　도지안

구리 새음학교　김주은

대구서부고등학교　박영애

대전 만년고등학교　현지현

대전 매봉중학교　하승석

대전 성모여자고등학교　최성은

대전 장대중학교　한재은

부산 데레사여자고등학교　서형오

부산 만덕고등학교　하순배

부산 성모여자고등학교　이효철

부산 지산고등학교　백순구

부산중앙여자고등학교　박연환

부산진여자고등학교　이유나

수원 삼일고등학교　허진만

수원 숙지고등학교　김진희

수원 화홍고등학교　김현진

수원정보과학고등학교　정유진

서울 경인중학교   서재민

서울 대청중학교   김민주

서울 길음초등학교   배성호

울산 문수고등학교   최지혜

울산 연암중학교   임명희

울산 여자고등학교 이인호

울산 대송중학교   손혜민

이천 이현고등학교   정형진

용인 언동중학교   박찬정

전북대학교사범대학부속고등학교   임이랑

전주 기전여자고등학교   정재홍

제주서중학교   이지연

파주 교하중학교   김미란, 장영주

파주 금촌고등학교   박재열

평택 배다리중학교   박효천

포항 동지여자고등학교   여민정

횡성 현천고등학교   손진근

김천 감문중학교   정영분

고전툰 ❷ 경제

초판 1쇄 인쇄 2025년 11월 3일
초판 1쇄 발행 2025년 11월 7일

지은이 │ 강일우·김경윤·송원석
발행인 │ 이승현
편집 │ 강세윤·이상원·임재청
만화 │ 이강혁
디자인 │ 이원우

펴낸곳 │ 펜타클
주소 │ 경기도 파주시 헤이리로 133번길 63, 4층(10858)
전자우편 │ pentaclebooks@naver.com

인쇄·제본·후가공 │ (주)프린탑
배본 │ 문화유통북스

글 ⓒ 강일우·김경윤·송원석, 2025

ISBN 979-11-995259-0-0 (44080)
SET ISBN 979-11-992390-8-1 (44080)